कविता की पुकार

(पचास कविताएँ)

कविता की पुकार

(पचास कविताएँ)

रामधारी सिंह दिनकर

भूमिका

अरविन्द कुमार सिंह

वाणी प्रकाशन

प्रकाशन के उत्कृष्टतम 62 वर्ष

vaniprakashan.com

सजिल्द पहला संस्करण : 2017
सजिल्द दूसरा संस्करण : 2020
सजिल्द तीसरा संस्करण : 2025

वाणी प्रकाशन

4695, 21-ए, दरियागंज, नयी दिल्ली-110 002

फ़ोन : + 91 11 23273167, 23275710

शाखाएँ

अशोक राजपथ, पटना-800 004, बिहार

कॉफ़ी हाउस कैम्पस, महात्मा गांधी मार्ग, प्रयागराज-211 001, उत्तर प्रदेश

महात्मा गांधी अन्तरराष्ट्रीय हिन्दी विश्वविद्यालय, वर्धा-442 001, महाराष्ट्र

sales@vaniprakashan.in

vaniprakashan@gmail.com

Kavita Ki Pukar

by Ramdhari Singh Dinkar

ISBN : 978-93-87409-99-6
Poetry Collection

मूल्य : ₹ 495

जी.एस. ऑफ़सेट, दिल्ली-110 095 में मुद्रित

वाणी प्रकाशन का लोगो मक़बूल फ़िदा हुसैन की कूची से

भूमिका

राष्ट्रकवि रामधारी सिंह दिनकर हिन्दी के विशिष्ट कवि हैं। वे सदैव हिन्दी के सिरमौर कवि रहे, चाहे अपने काल में अथवा निधनोपरान्त। यह विशिष्टता उनके कवि की है जिसने हिन्दी साहित्य को अनेकानेक ऐसे ग्रन्थ दिये जिनको लेकर हम दुनिया की किसी भी भाषा में जो सर्वश्रेष्ठ है, उसकी तुलना में उन्हें रख सके और जहाँ दिनकर जी का साहित्य कहीं कम तो नहीं ही दिखेगा, ज्यादा भले ही हो। मुझे स्मरण आया कि कुछ ऐसे ही भाव स्व. भवानी प्रसाद मिश्र ने प्रकट किये थे।

दिनकर जी की काव्य-प्रतिभा अद्वितीय थी। कभी दिनकर जी के मित्र और सखा डॉ. हरिवंश राय बच्चन ने उनकी प्रसिद्ध काव्यकृति 'उर्वशी' के लिए कहा था—"खड़ी बोली हिन्दी कविता की क्षमता जिस चरम बिन्दु को छू सकती थी, उसे उर्वशी ने छू लिया है और न 'भूतो' मैं निःसंकोच कहना चाहूँगा। हिन्दी के बहुत ही उन्नत भविष्य की कामना मेरे मन में न होती, तो मैं यह भी कहता न 'भविष्यति'।"

यदि गौर से देखें तो बच्चन जी की यह उक्ति केवल 'उर्वशी' के लिए सार्थक नहीं वरन् दिनकर जी के सम्पूर्ण काव्य-व्यक्तित्व को अभिव्यंजित करती है। दिनकर जी के सम्बन्ध में उनके कई समकालीन साहित्यकारों ने प्रायः इसी तरह के भाव प्रकट किये हैं, यथा—माखनलाल चतुर्वेदी, आचार्य हजारी प्रसाद द्विवेदी, श्री नारायण चतुर्वेदी व आचार्य किशोरी दास वाजपेयी, भवानी प्रसाद मिश्र इत्यादि ने दिनकर जी के महत साहित्यिक अवदान को समझा। अज्ञेय जी ने उन्हें नयी कविता और प्राचीन काव्य के मध्य सेतु कहा था।

2

राष्ट्रकवि रामधारी सिंह दिनकर का जन्म 23 सितम्बर 1908 को बिहार के तत्कालीन मुंगेर जिले में सिमरिया नामक गाँव में हुआ था। अब यह गाँव बेगुसराय

नामक जिला के अन्तर्गत आता है। दिनकर जी का जन्म एक अति सामान्य गृहस्थ परिवार में हुआ था। उनके पिता बाबू रवि सिंह का देहान्त उनके शैशवकाल में ही हो गया था। तीन भाइयों में दिनकर जी मँझले भाई थे। उनका लालन-पालन उनकी माता मनुरूप देवी ने बहुत ही यत्न से किया। दिनकर जी का विवाह श्रीमती श्यामा देवी से सन् 1921 में हुआ, जब वह किशोर वय के थे। दिनकर जी ने अपनी धर्मपत्नी श्रीमती श्यामा देवी के सम्बन्ध में लिखा है–"आज मैं जिस विद्या-वैभव को लेकर संसार में सिर उठाकर चलता हूँ, उसकी नींव में मेरी स्त्री का रक्त पड़ा है। मैं उसे कौन सुख दे पाया हूँ। एक यशस्वी कवि की पत्नी होने में जो वैनिटी है, वही उसे मिली है, अगर वह इसे समझती हो...।"

सिमरिया से उनका विद्यालय प्रायः कुछ कोस दूर मोकामा में पड़ता था, जहाँ वे स्टीमर से गंगा नदी पार कर जाते। दिनकर जी का जीवन बचपन से ही बहुत संघर्षमय रहा। जीवन के पल-पल को उन्होंने अपनी कर्मनिष्ठा से सार्थक बनाया।

दिनकर जी की जीवन-यात्रा विद्यालय में प्रधानाध्यापक से प्रारम्भ होती है। फिर सब-रजिस्ट्रार जनसम्पर्क विभाग में कार्यरत हुए, बिहार विश्वविद्यालय में हिन्दी विभागाध्यक्ष, दो सत्र राज्यसभा के चयनित सांसद, भागलपुर विश्वविद्यालय के कुलपति व अन्त में भारत सरकार के हिन्दी सलाहकार। दिनकर जी को पद्मभूषण, डी. लिट., साहित्य अकादेमी व भारतीय भाषाओं में दिया जाने वाला सर्वाधिक बड़ा पुरस्कार 'भारतीय ज्ञानपीठ' भी प्राप्त हुआ। उर्दू के प्रसिद्ध शायर जोश मलिहाबादी ने कभी स्वयं व दिनकर जी के लिए कहा था–

हिन्द में लाजवाब हैं दोनों
शायरे-इनक़लाब है दोनों
देखने में अगर्चे ज़र्रे हैं
वाकई आफ़ताब हैं दोनों।

दिनकर जी वस्तुतः क्रान्ति, शौर्य, विद्रोह, ऊर्जा, शृंगार व अध्यात्म के कवि हैं। अपने सम्बन्ध में उन्होंने लिखा है–'प्रत्येक कवि जीवन भर एक ही कविता लिखता है। उसकी भिन्न-भिन्न कविताएँ उसी एक कविता की विभिन्न कड़ियाँ होती हैं। यही कारण है कि मेरी कविताएँ बच्चन की कविताओं में फेंटी नहीं जा सकतीं, न ही बच्चन की कविता को देखकर यह भ्रम हो सकता है कि यह मेरी लिखी हुई है। छन्द, शब्द-प्रयोग, अर्थ, रस व अलंकार का निर्वाह कर देना काफी नहीं है। प्रत्येक कविता पर कवि की वैयक्तिकता की छाप होनी चाहिए।

कवि कहलाने का अधिकार उसे प्राप्त होता है, जो प्राचीन और समकालीन, सभी कवियों से भिन्न है, जिसने अपने लिए कोई ऐसा रास्ता निकाला है, जो सभी रास्तों से कुछ-न-कुछ अलग है, जिसकी आवाज दूसरों की आवाज से मिलकर लुप्त नहीं हो सकती।

लीक-लीक गाड़ी चले, लीके चलै कपूत
लीक छाड़ी तीनों चलैं शायर, सिंह, सपूत।'

दिनकर जी ऐसे कवि हैं, जो निर्भीक कविता के द्वारा बड़ी-से-बड़ी चुनौती को स्वीकार करते हैं। दिनकर जी ने लिखा है–'कविता का उपयोग मैं भी अपनी बातें (यानी अंग्रेजी राज का विरोध, समता का प्रचार, क्रान्ति की प्रेरणा, विद्रोह का प्रचार) कहने के लिए कर रहा था, किन्तु इक़बाल की तरह मैं सन्तुष्ट नहीं था। कल्पना का विलास कुंज मुझे लुभाता था, सितारों के बीच निरुद्‌देश्य घूमने की इच्छा मुझे भी बेचैन करती थी। हुंकार में मेरी कविता है जिसका नाम 'हाहाकार' है। इस कविता में मैंने उन कविताओं के प्रति ईर्ष्या व्यक्त की है, जो धरती की हलचल से दूर हैं और जिनके रचयिता स्वप्न की मायापुरी में विहार कर रहे हैं।

वही धन्य जिनको लेकर तुम
बसी कल्पना के शतदल पर।
जिनका स्वप्न तोड़ पाती है
मिट्टी नहीं चरण-तल बजकर।
मेरी भी यह चाह विलासिनी,
सुन्दरता को सीस झुकाऊँ।
जिधर-जिधर मधुमयी बसी हो,
उधर बसन्तानिल बन जाऊँ।'

दिनकर जी ने देशमाता को स्वामिनी कहा है और अपने को उनका अनुचर। 'प्रेम, प्रकृति और नारी मूर्ति के चिन्तन में जो रस है, वह रस मैंने इस द्वन्द्व की कविता में प्राप्त कर लिया, फिर लाचार होकर मैं उस नतीजे पर आता हूँ कि भावना का सुख मेरे लिए नहीं है। मेरे लिए तो कर्तव्य ही प्रधान है–

फेंकता हूँ लो तोड़-मरोड़
अरे निष्ठुरे, बीन के तार।
उठा चाँदी का उज्ज्वल शंख
फूँकता हूँ भैरव हुंकार।'

यह सही है कि दिनकर जी की कविताओं में ओज है, विद्रोह है, क्रान्ति है, ऊर्जा है किन्तु साथ ही साथ प्रेम भी है। हुंकार के साथ-ही-साथ वे 'रसवन्ती' की रचना भी करते रहे और 'कुरुक्षेत्र' तथा 'रश्मिरथी' के पश्चात् 'उर्वशी' की रचना और ठीक इसके बाद फिर 'परशुराम की प्रतीक्षा' जैसी वीरता से आप्लावित काव्य की रचना। इस तरह उन्होंने लिखा है कि प्रेम और श्रृंगार की कविता उन्हें आकृष्ट करती थी। दिनकर जी की विद्रोही कविता कदाचित् इसी प्रेम के प्रति आकर्षण के कारण ध्वंसक नहीं हो सकी। हालाँकि ऐसी कविताएँ बहुतायत में हैं जिनमें विदेशी शासन, विषमता, गरीबी और भूख से त्रस्त हो उन्होंने प्रलय के देवता का आह्वान किया है।

वह एक काला दिवस था जब मद्रास में 24 अप्रैल की मध्यरात्रि में हृदयाघात से उनका निधन हुआ। दिनकर जी ने कहा कि मेरी शेष आयु जयप्रकाश जी को लग जाये और ऐसा ही हुआ।

दिनकर जी की प्रथम काव्यकृति 'विजय सन्देश' है। यह सन् 1928 में प्रकाशित हुई, जब दिनकर जी मात्र 20 वर्ष के थे। सन् 1929 में उनकी दूसरी काव्यकृति 'प्रणभंग' का प्रकाशन हुआ। 'रेणुका', 'हुंकार', 'रसवन्ती', 'द्वन्द्वगीत', 'कुरुक्षेत्र', 'धूप छाँह', 'सामधेनी', 'बापू इतिहास के आँसू', 'धूप और धुआँ', 'मिर्च का मजा', 'रश्मिरथी', 'दिल्ली नीम के पत्ते', 'नील कुसुम', 'सूरज का ब्याह', 'चक्रवाल कविश्री', 'सीपी और शंख', 'नये सुभाषित', 'उर्वशी', 'परशुराम की प्रतीक्षा', 'आत्मा की आँखें', 'कोयला और कवित्व', 'मृति–तिलक', 'दिनकर की सूक्तियाँ', 'हारे को हरिनाम', 'संचयिता', 'दिनकर के गीत', 'रश्मिलोक', 'उर्वशी' व अन्य श्रृंगारिक कविताएँ इत्यादि तैंतीस काव्य-संग्रहों के द्वारा दिनकर जी ने हिन्दी साहित्य को समृद्ध किया। किन्तु इसके अतिरिक्त उन्होंने प्रायः 25 गद्य पुस्तकों की रचना भी की है। दिनकर जी के ठीक पूर्व हिन्दी कविता छायावादी और रहस्यमय काव्य की अभिव्यक्ति का माध्यम थी। दिनकर जी ने हिन्दी कविता को इस काल्पनिक और रहस्यात्मक भावभूमि से उबारकर उसे लोकहित व जनहित के मार्ग की दिशा प्रदान की। दिनकर जी की कविता से निःसहाय, शोषित, प्रताड़ित और उपेक्षित जनता को वाणी मिली। शायद इसीलिए वे जन-जन के कवि हैं। किन्तु जनकवि होते हुए भी उनके काव्य की सौन्दर्यानुभूति अत्यन्त परिपक्व व सूक्ष्म है। बहुत-से लोगों का मानना है कि तुलसीदास के बाद दिनकर जी हिन्दी के सबसे बहुआयामी व समर्थ कवि हैं।

दिनकर जी ने अपनी कविता के द्वारा पौराणिक आख्यानों को वर्तमान

समय और सन्दर्भ के अनुसार रखा और उनका कवि-व्यक्तित्व वर्तमान में सही दिशा देने में सदैव अग्रणी रहा। कभी उन्होंने बापू को आन्दोलित करते हुए निम्न पंक्तियों से उनका आहूवान किया था—

हिल रहा धरा का शीर्ण मूल
जल रहा दीप्त सारा खगोल
तू सोच रहा क्या अचल मौन?
ओ द्विधाग्रस्त शार्दूल बोल।

यूँ तो दिनकर जी की कविताओं के प्रायः नौ संकलन हैं, किन्तु उनके प्रमुख काव्य-संकलन 'चक्रवाल', 'आज के लोकप्रिय कवि', जिसका संकलन श्री मन्मथनाथ गुप्त ने किया था, और 'रश्मिलोक' व 'संचयिता' हैं। दिनकर जी ने 'रश्मिलोक' का स्वत्वाधिकार मुझे दिया है। अतएव इस संग्रह में इन पुस्तकों में सर्वाधिक आवृत्ति जिन कविताओं की हुई है, उसे ही मैंने प्रमुखता दी है। 'सीपी और शंख' में दिनकर जी ने विभिन्न भाषाओं के अपने कुछ पसन्दीदा कवियों का अनुवाद संकलित किया है। किन्तु बहुत-से दिनकर-प्रेमी यह मानते हैं कि यह अनुवाद उन कविताओं से मात्र प्रेरणा लेकर किया गया है और इसमें मौलिकता है। किन्तु दिनकर जी की दूसरी डी.एच. लॉरेंस की कविताओं के संग्रह 'आत्मा की आँखें' से कोई कविता 'चक्रवाल', 'आज के लोकप्रिय कवि' व 'संचयिता' में प्रायः नहीं मिली, फिर भी मैंने चयन की प्रक्रिया की अवहेलना कर इस संग्रह को अद्यतन बनाने के लिए 'आत्मा की आँखें' से 'मच्छर' और 'आदमी' नामक शीर्षक दो कविताओं को सम्मिलित किया है।

कविता भक्ति की लिखूँ
या शृंगार की
सविता एक ही है
जो शब्दों में जलता है।
अक्षर चाहे जो भी उगे,
कलम के भीतर
भगवान मौजूद रहते हैं।

आशा है कि दिनकर साहित्य के अध्येता व स्नेही जनों को इस संग्रह के द्वारा सम्पूर्णता में तो सम्भव नहीं है किन्तु फिर भी दिनकर जी की सम्पूर्ण काव्य की एक छटा जरूर दिख जायेगी। यह कविताएँ दिनकर जी की प्रमुख कविताओं, मेरी पसन्द के अनुसार नहीं, बल्कि दिनकर जी की प्रतिनिधि कविताओं के तौर

पर चुनी गयी हैं। प्रकाशक इस श्रृंखला में हिन्दी के सभी महत्त्वपूर्ण कवियों की रचनाएँ प्रकाशित कर रहे हैं। यह एक श्लाघनीय कार्य है। मुझे आशा है कि अन्य कवियों की तरह दिनकर जी की भी इन कविताओं का यह संग्रह पाठकों की क्षुधा की तृप्ति में सहायक होगा।

–अरविन्द कुमार सिंह

अनुक्रम

मंगल-आह्वान

भावों के आवेग प्रबल
मचा रहे उर में हलचल।

कहते, उर के बाँध तोड़
स्वर-स्रोतों में बह-बह अनजान,
तृण, तरु, लता, अनिल, जल-थल को
छा लेंगे हम बनकर गान

पर हूँ विवश, गान से कैसे
जग को हाय! जगाऊँ मैं,
इस तमिस्र युग-बीच ज्योति की
कौन रागिनी गाऊँ मैं?

बाट जोहता हूँ लाचार,
आओ, स्वरसम्राट्! उदार।

पल भर को मेरे प्राणों में
ओ विराट् गायक! आओ,
इस वंशी पर रसमय स्वय में
युग-युग के गायन गाओ।

वे गायन, जिनको न आज तक
गाकर सिरा सका जल थल,
जिनकी तान-तान पर आकुल
सिहर-सिहर उठता उडु-दल।

आज सरित का कल-कल, छल-छल
निर्झर का अविरल झर-झर,
पावस की बूँदों की रिम-झिम,
पीले पत्तों का मर्मर,

जलधि-साँस, पक्षी के कलरव,
अनिल-सनन, अलि का गुन-गुन,
मेरी वंशी के छिद्रों में
भर दो ये मधु-स्वर चुन-चुन।

दो आदेश, फूँक दूँ शृंगी,
उठें प्रभाती-राग महान,
तीनों काल ध्वनित हों स्वर में,
जागें सुप्त भुवन के प्राण।

गत विभूति, भावी की आशा
ले युगधर्म पुकार उठे,
सिंहों की घन-अन्ध गुहा में
जागृति की हुंकार उठे।

जिनका लुटा सुहाग, हृदय में
उनके दारुण हूक उठे,
चीखूँ यों कि याद कर ऋतुपति
की कोयल रो कूक उठे।

प्रियदर्शन इतिहास कंठ में
आज ध्वनित हो काव्य बने,
वर्तमान की चित्रपटी पर
भूतकाल सम्भाव्य बने।

जहाँ-जहाँ घन-तिमिर हृदय में,
भर दो वहाँ विभा प्यारी,
दुर्बल प्राणों की नस-नस में
देव! फूँक दो चिनगारी।

ऐसा दो वरदान, कला को
कुछ भी रहे अजेय नहीं,
रजकण से ले पारिजात तक
कोई रूप अगेय नहीं

प्रथम खिली जो मधर ज्योति
कविता बन तमसा-कूलों में,
जो हँसती आ रही युगों से
नभ-दीपों, वनफूलों में;

सूर-सूर तुलसी-राशि जिसकी
विभा यहाँ फैलाते हैं,
जिसके बुझे कणों को पा कवि
अब खद्योत कहाते हैं;

उसकी विभा प्रदीप्त करे
मेरे उर का कोना-कोना,
छू दे यदि लेखनी, धूल भी
चमक उठे बनकर सोना।

(रेणुका, 1933)

हिमालय

मेरे नगपति! मेरे विशाल!

साकार, दिव्य, गौरव विराट्,
पौरुष के पुंजीभूत ज्वाल!
मेरी जननी के हिम-किरीट!
मेरे भारत के दिव्य भाल!
मेरे नगपति! मेरे विशाल!

युग-युग अजेय, निर्बन्ध, मुक्त,
युग-युग गर्वोन्नत, नित महान्,
निस्सीम व्योम में तान रहा
युग से किस महिमा का वितान?

कैसी अखण्ड यह चिर-समाधि?
यतिवर! कैसा यह अमर ध्यान?
तू महाशून्य में खोज रहा
किस जटिल समस्या का निदान?
उलझन का कैसा विषम जाल?
मेरे नगपति! मेरे विशाल!

ओ, मौन, तपस्या-लीन यती!
पल भर को तो कर दृगुन्मेष!
रे जवालाओं से दग्ध, विकल
है तड़प रहा पद पर स्वदेश!

सुखसिन्धु, पंचनद, ब्रह्मपुत्र,
गंगा, यमुना की अमिय-धार
जिस पुण्यभूमि की ओर बही
तेरी विगलित करुणा उदार,

जिनके द्वारों पर खड़ा क्रान्त
सीमापति! तूने की पुकार,
'पद-दलित इसे करना पीछे
पहले ले मेरा सिर उतार।'

उस पुण्यभूमि पर आज तपी!
रे, आन पड़ा संकट कराल,
व्याकुल तेरे सुत तड़प रहे,
डँस रहे चतुर्दिक विविध व्याल।
मेरे नगपति! मेरे विशाल!

कितनी मणियाँ लुट गयीं? मिटा
कितना मेरा वैभव अशेष!
तू ध्यान-मग्न ही रहा; इधर
वीरान हुआ प्यारा स्वदेश।

किन द्रौपदियों के बाल खुले?
किन-किन कलियों का अन्त हुआ?
कह हृदय खोल चित्तौर! यहाँ
कितने दिन ज्वाल-वसन्त हुआ?

पूछे सिकता-कण से हिमपति!
तेरा वह राजस्थान कहाँ?
वन-वन स्वतन्त्रता-दीप लिये
फिरनेवाला बलवान कहाँ?

तू पूछ अवध से, राम कहाँ?
वृन्दा! बोलो, घनश्याम कहाँ?
ओ मगध! कहाँ मेरे अशोक?
वह चन्द्रगुप्त बलधाम कहाँ?

पैरों पर ही है पड़ी हुई
मिथिला भिखारिणी सुकुमारी,
तू पूछ, कहाँ इसने खोयीं
अपनी अनन्त निधियाँ सारी?

री कपिलवस्तु! कह बुद्धदेव
के वे मंगल-उपदेश कहाँ?
तिब्बत, ईरान, जापान, चीन
तक गये हुए सन्देश कहाँ?

वैशाली के भग्नावशेष से
पूछ लिच्छवी-शान कहाँ?
ओ री उदास गंडकी! बता
विद्यापति कवि के गान कहाँ?

तू तरुण देश से पूछ अरे,
गूँजा यह कैसा ध्वंस-राग?
अम्बुधि-अन्तस्तल-बीच छिपी
यह सुलग रही है कौन आग?

प्राची के प्रांगण-बीच देख,
जल रहा स्वर्ण-युग-अग्नि-ज्वाल,
तू सिंहनाद कर जाग तपी!
मेरे नगपति! मेरे विशाल!

रे, रोक युधिष्ठिर को न यहाँ,
जाने दे उनको स्वर्ग धीर,
पर, फिरा हमें गाण्डीव-गदा,
लौटा दे अर्जुन-भीम वीर।

कह दे शंकर से, आज करें
वे प्रलय-नृत्य फिर एक बार।
सारे भारत में गूँज उठे,
'हर-हर-बम' का फिर महोच्चार।

ले अँगड़ाई, उठ, हिले धरा,
कर निज विराट् स्वर में निनाद,
तू शैलराट्! हुंकार भरे,
फट जाय कुहा, भागे प्रमाद।

तू मौन त्याग कर सिंहनाद,
रे तपी! आज तप का न काल।
नव-युग-शंखध्वनि जगा रही,
तू जाग, जाग, मेरे विशाल!

(रेणुका, 1993)

कविता की पुकार

आज न उडु के नील-कुंज में स्वप्न खोजने जाऊँगी,
आज चमेली में न चन्द्र-किरणों से चित्र बनाऊँगी।
अधरों में मुसकान, न लाली बन कपोल में छाऊँगी,
कवि! किस्मत पर भी न तुम्हारी आँसू आज बहाऊँगी।
नालन्दा-वैशाली में तुम रुला चुके सौ बार,
धूसर भुवन-स्वर्ग—ग्रामों—में कर पायी न विहार।
आज यह राज-वाटिका छोड़, चलो कवि! वनफूलों की ओर।

चलो, जहाँ निर्जन कानन में वन्य कुसुम मुसकाते हैं,
मलयानिल भूलता, भूलकर जिधर नहीं अलि जाते हैं।
कितने दीप बुझे झाड़ी-झुरमुट में ज्योति पसार?
चले शून्य में सुरभि छोड़कर कितने कुसुम-कुमार?
कब्र पर मैं कवि। रोऊँगी, अश्रु-आरती सँजोऊँगी।

विद्युत छोड़ दीप साजूँगी, महल छोड़ तृण-कुटी-प्रवेश,
तुम गाँवों के बनो भिखारी, मैं भिखारिणी का लूँ वेश।

स्वर्णांचल अहा! खेतों में उतरी सन्ध्या श्यामा परी,
रोमन्थन करती गायें आ रहीं रौंदती घास हरी।
घर-घर से उठ रहा धुआँ, जलते चूल्हे बारी-बारी,
चौपालों में कृषक बैठ गाते "कहँ अटके बनवारी?"
पनघट से आ रही पीतवसना युवती सुकुमार,
किसी भाँति ढोती गागर-यौवन का दुर्वह भार।
बनूँगी मैं कवि! इसकी माँग, कलश, काजल, सिन्दूर, सुहाग।

वन-तुलसी की गन्ध लिये हल्की पुरवैया आती है,
मन्दिर की घण्टा-ध्वनि युग-युग का सन्देश सुनाती है।
टिमटिम दीपक के प्रकाश में पढ़ते निज पोथी शिशुगण,
परदेशी की प्रिया बैठ गाती यह विरह-गीत उन्मन,
''भैया! लिख दे एक कलम खत मों बालम के जोग,
चारों कोने खेम-कुसल माँझे ठाँ मोर बियोग।''
दूतिका मैं बन जाऊँगी, सखी! सुधि उन्हें सुनाऊँगी।

पहन शुक्र का कर्णफूल है दिशा अभी भी मतवाली,
रहते रात रमणियाँ आयीं ले-ले फूलों की डाली।
स्वर्ग-स्रोत, करुणा की धारा, भारत-माँ का पुण्य तरल,
भक्ति-अश्रुधारा-सी निर्मल गंगा बहती है अविरल।
लहर-लहर पर लहराते हैं मधुर प्रभाती-गान,
भुवन स्वर्ग बन रहा, उड़े जाते ऊपर को प्राण
पुजारिन की बन कंठ-हिलोर, भिंगो दूँगी अग-जग के छोर।

कवि! असाढ़ की इस रिमझिम में धनखेतों में जाने दो,
कृषक-सुन्दरी के स्वर में अटपटे गीत कुछ गाने दो।
दुखियों के केवल उत्सव में इस दम पर्व मनाने दो,
रोऊँगी खलिहानों में, खेतों में तो हर्षाने दो।

मैं बच्चों के संग जरा खेलूँगी दूब-बिछौने पर,
मचलूँगी मैं जरा इन्द्रधनु के रंगीन खिलौने पर।
तितली के पीछे दौड़ूँगी, नाचूँगी दे-दे ताली,
मैं मकई की सुरभि बनूँगी, पके आम-फल की लाली।

वेणु-कुंज जुगनू बन मैं इधर-उधर मुसकाऊँगी,
हरसिंगार की कलियाँ बनकर वधुओं पर झर जाऊँगी।

सूखी रोटी खायेगा जब कृषक खेत में धरकर हल,
तब दूँगी मैं तृप्ति उसे बनकर लोटे का गंगाजल।
उसके तन का दिव्य स्वेदकण बनकर गिरती जाऊँगी।
और खेत में उन्हीं कणों-से मैं मोती उपजाऊँगी।

शस्य-श्यामला निरख करेगा कृषक अधिक जब अभिलाषा,
तब मैं उसके हृदय-स्रोत में उमड़ूँगी बनकर आशा।
अर्द्धनग्न दम्पति के गृह में मैं झोंका बन आऊँगी,
लज्जित हों न अतिथि-सम्मुख वे, दीपक तुरत बुझाऊँगी।

ऋण-शोधन के लिए दूध-घी बेच-बेच धन जोड़ेंगे,
बूँद-बूँद बेचेंगे, अपने लिए नहीं कुछ छोड़ेंगे।
शिशु मचलेंगे दूध देख, जननी उनको बहलायेगी,
मैं फाड़ूँगी हृदय, लाज से आँख नहीं रो पायेगी।

इतने पर भी धन-पतियों की उन पर होगी मार,
तब मैं बरसूँगी बन बेबस के आँसू सुकुमार।
फटेगा भू का हृदय कठोर, चलो कवि! वनफूलों की ओर।

(रेणुका, 1333)

बुद्धदेव

सिमट विश्व-वेदना निखिल बज उठी करुण अन्तर में,
देव! हुंकरित हुआ कठिन युगधर्म तुम्हारे स्वर में।
काँटों पर कलियों, गौरिक पर किया मुकुट का त्याग,
किस सुलग्न में जगा प्रभो! यौवन का तीव्र विराग?

चले ममता का बन्धन तोड़
विश्व की महामुक्ति की ओर।

तप की आग, त्याग की ज्वाला से प्रबोध-सन्धान किया,
विष पी स्वयं, अमृत जीवन का तृषित विश्व को दान किया।
वैशाली की धूल चरण चूमने ललक ललचाती है,
स्मृति-पूजन में तप-कानन की लता पुष्प बरसाती है।

वट के नीचे खड़ी खोजती लिये सुजाता खीर तुम्हें,
बोधिवृक्ष-तल बुला रहे कलरव में कोकिल-कीर तुम्हें।
शस्त्र-भार से विकल खोजती रह-रह धरा अधीर तुम्हें,
प्रभो! पुकार रही व्याकुल मानवता की जंजीर तुम्हें।

आह ! सभ्यता के प्रांगण में आज गरल-वर्षण कैसा!
घृणा सिखा निर्वाण दिलानेवाला यह दर्शन कैसा!
स्मृतियों का अँधेर! शास्त्र का दम्भ! तर्क का छल कैसा!
दीन-दुखी असहाय जनों पर अत्याचार प्रबल कैसा!

आज दीनता को प्रभु की पूजा का भी अधिकार नहीं,
देव! बना था क्या दुखियों के लिए निठुर संसार नहीं?
धन-पिशाच की विजय, धर्म की पावन ज्योति अदृश्य हुई,
दौड़ो बोधिसत्त्व! भारत में मानवता अस्पृश्य हुई।

धूप-दीप, आरती, कुसुम ले भक्त प्रेम-वश आते हैं,
मन्दिर का पट बन्द देख 'जय' कह निराश फिर जाते हैं।
शबरी के जूठे बेरों से आज राम को प्रेम नहीं,
मेवा छोड़ शाक खाने का याद नाथ को नेम नहीं।

पर, गुलाब-जल में गरीब के अश्रु राम क्या पाएँगे?
बिना नहाये इस जल में क्या नारायण कहलाएँगे?
मनुज-मेघ के पोषक दानव आज निपट निर्द्वन्द्व हुए;
कैसे बचें दीन? प्रभु भी धनियों के गृह में बन्द हुए।
अनाचार की तीव्र आँच में अपमानित अकुलाते हैं,
जागो बोधिसत्त्व! भारत के हरिजन तुम्हें बुलाते हैं।

जागो विप्लव के वाक्! दम्भियों के इन अत्याचारों से,
जागो, हे जागो, तप-निधान! दलितों के हाहाकारों से।
जागो, गाँधी पर किये गये मानव-पशुओं के वारों से[1],
जागो, मैत्री-निर्घोष! आज व्यापक युगधर्म-पुकारों से।

जागो, गौतम! जागो, महान!
जागो, अतीत के क्रान्ति-गान!
जागो, जगती के धर्म-तत्त्व!
जागो, हे जागो! बोधिसत्त्व!

(रेणुका, 1933)

---

1. देवघर (बिहार) में महात्मा गाँधी पर किये गये प्रहार का उल्लेख।

पाटलिपुत्र की गंगा से

संध्या की इस मलिन सेज पर गंगे! किस विषाद के संग,
सिसक-सिसककर सुला रही तू अपने मन की मृदुल उमंग?
उमड़ रही आकुल अन्तर में, कैसी यह वेदना अथाह?
किस पीड़ा के गहन भार से निश्चल-सा पड़ गया प्रवाह?

मन के इस मौन मुकुल से उड़कर देवी! कौन-सी व्यथा अपार
बनकर गन्ध अनिल में मिल जाने की खोज रही लघु द्वार?
चल अतीत की रंगभूमि में स्मृति-पंखों पर चढ़ अनजान,
विकल-चित्त सुनती तू अपने चन्द्रगुप्त का क्या जय-गान?

घूम रहा पलकों के भीतर स्वप्नों-सा गत विभव विराट्?
आता है क्या याद मगध का सुरसरि! वह अशोक सम्राट्?
संन्यासिनी-समान विजन में कर-कर गत विभूति का ध्यान,
व्यथित कंठ से गाती है क्या गुप्त-वंश का गरिमा-गान?

गूँज रहे तेरे इस तट पर गंगे! गौतम के उपदेश,
ध्वनित हो रहे इन लहरों में देवी! अहिंसा के सन्देश।
उसी सत्य के गीत कुहुक गाती कोयल डाली-डाली,
वही स्वर्ण-सन्देश नित्य बन आता ऊषा की लाली।

तुझे याद है चढ़े पदों पर कितने जय-सुमनों के हार?
कितनी बार समुद्रगुप्त ने धोयी है तुझमें तलवार?
तेरे तीरों पर दिग्विजयी नृप के कितने उड़े निशान?
कितने चक्रवर्तियों ने हैं किये कूल पर अवभृथ-स्नान?

विजयी चन्द्रगुप्त के पद पर सैल्यूकस की वह मनुहार,
तुझे याद है देवी! मगध का वह विराट् उज्ज्वल शृंगार?
जगती पर छाया करती थी कभी हमारी भुजा विशाल,
बार-बार झुकते थे पद पर ग्रीक-यवन के उन्नत भाल।

उस अतीत गौरव की गाथा छिपी इन्हीं उपकूलों में,
कीर्ति-सुरभि वह गमक रही अब भी तेरे वन-फूलों में।
नियति-नटी ने खेल-कूद के किया नष्ट सारा शृंगार,
खण्डहर की धूलों में सोया अपना स्वर्णोदय साकार।

तूने सुख-सुहाग देखा है, उदय और फिर अस्त, सखी!
देख, आज निज युवराजों को भिक्षाटन में व्यस्त सखी!
एक-एक कर गिरे मुकुट, विकसित वन भस्मीभूत हुआ,
तेरे सम्मुख महासिन्धु सूखा, सैकत उद्भूत हुआ।

धधक उठा तेरे मरघट में जिस दिन सोने का संसार,
एक-एक कर लगा दहकने मगध-सुन्दरी का शृंगार,
जिस दिन जली चिता गौरव की, जय-भेरी जब मूक हुई,
जमकर पत्थर हुई न क्यों, यदि टूट नहीं दो-टूक हुई?

मन्द-मन्द बज रही मन्द्र ध्वनि में नक्कारों की,
गूँज रही झन-झन धूलों में मौर्यों की तलवारों की।
दायें पार्श्व पड़ा सोता मिट्टी में मगध शक्तिशाली,
वीर लिच्छवी की विधवा बायें रोती है वैशाली।

तू निज मानस-ग्रन्थ खोल दोनों की गरिमा गाती है,
वीचि-दृगों से हेर-हेर सिर धुन-धुनकर रह जाती है।
देवी! दुखद है वर्तमान की यह असीम पीड़ा सहना।
नहीं सुखद संस्मृति में भी उज्ज्वल अतीत की रत रहना।

अस्तु, आज गोधूलि-लग्न में गंगे! मन्द-मन्द बहना,
गाँवों, नगरों के समीप चल कलकल स्वर से यह कहना,
"खण्डहर में सोयी लक्ष्मी का फिर कब रूप सजाओगे?
भग्न देव-मन्दिर में कब पूजा का शंख बजाओगे?"

(रेणुका, 1931)

परदेशी

माया के मोहक वन की क्या कहूँ कहानी परदेशी?
भय है, सुनकर हँस दोगे मेरी नादानी परदेशी!
सृजन-बीच संहार छिपा, कैसे बतालाऊँ परदेशी?
सरल कण्ठ से विषय राग कैसे मैं गाऊँ परदेशी?

एक बात है सत्य कि झर जाते हैं खिलकर फूल यहाँ,
जो अनुकूल वही बन जाता दुर्दिन में प्रतिकूल यहाँ।
मैत्री के शीतल कानन में छिपा कपट का शूल यहाँ,
कितने कीटों से सेवित है मानवता का मूल यहाँ!
इस उपवन की पगडण्डी पर बचकर जाना परदेशी!
यहाँ मेनका की चितवन पर मत ललचाना परदेशी!

जगती में मादकता देखी, लेकिन अक्षय तत्व नहीं,
आकर्षण में तृप्ति और सुन्दरता में अमरत्व नहीं।
यहाँ प्रेम में मिली विकलता, जीवन में परितोष नहीं,
बाल-युवतियों के आलिङ्गन में पाया सन्तोष नहीं।
हमें प्रतीक्षा में न तृप्ति की मिली निशानी परदेशी!
माया के मोहक वन की क्या कहूँ कहानी परदेशी?

महाप्रलय की ओर सभी को इस मरु में चलते देखा,
किससे लिपट जुड़ता? सबको ज्वाला में जलते देखा।
अन्तिम बार चिता-दीपक में जीवन को बलते देखा;
चलते समय सिकन्दर-से विजयी को कर मलते देखा।
सबने देकर प्राण मौत की कीमत जानी परदेशी!
माया के मोहक वन की क्या कहूँ कहानी परदेशी?

रोते जग की अनित्यता पर सभी विश्व को छोड़ चले,
कुछ तो चढ़े चिता के रथ पर कुछ क़ब्रों की ओर चले।
रुके न पल-भर मित्र, पुत्र, माता से नाता तोड़ चले,
लैला रोती रही किन्तु, कितने मजनूँ मुँह मोड़ चले।

जीवन का मधुमय उल्लास,
औ' यौवन का हास-विलास,
रूप-राशि का यह अभिमान,
एक स्वप्न है, स्वप्न अजान।

मिटता लोचन-राग यहाँ पर,
मुरझाती सुन्दरता प्यारी,
एक-एक कर उजड़ रही है
हरी-हरी कुसुमों की क्यारी

मैं न रुकूँगा इस भूतल पर
जीवन, यौवन, प्रेम गँवाकर;
वायु, उड़ाकर ले चल मुझको
जहाँ-कहीं इस जग से बहार।

मरते कोमल वत्स यहाँ, बचती न जवानी परदेशी!
माया के मोहक वन की क्या कहूँ कहानी परदेशी?

(रेणुका, 1932)

आलोकधन्वा

ज्योतिर्धर कवि मैं ज्वलित सौर-मण्डल का,
मेरा शिखण्ड अरुणाभ, किरीट अनल का।
रथ में प्रकाश के अश्व जुते हैं मेरे
किरणों में उज्ज्वल गीत गुँथे हैं मेरे!

मैं उदय-प्रान्त का सिंह प्रदीप्त विभा से,
केसर मेरे बलते हैं कनक-शिखा से।
ज्योतिर्मयि अन्तःशिखा अरुण है मेरी,
हैं भाव अरुण, कल्पना अरुण है मेरी।

पाया निसर्ग ने मुझे पुण्य के फल-सा,
तम के सिर पर निकला मैं कनक-कमल-सा।
हो उठा दीप्त धरती का कोना-कोना,
जिसको मैंने छू दिया हुआ वह सोना।

रंग गयी घास पर की शबनम की प्याली,
हो गयी लाल कुहरे की झीनी जाली।
मेरे दृग का आलोक अरुण जब छलका,
बन गयीं घटाएँ बिम्ब उषा-अंचल का।

उदयाचल पर आलोक-शरासन ताने,
आया मैं उज्ज्वल गीत विभा के गाने।
ज्योतिर्धनु की शिंजिनी बजा गाता हूँ,
टंकार-लहर अम्बर में फैलाता हूँ।

किरणों के मुख में विभा बोलती मेरी,
लोहिनी कल्पना उषा खोलती मेरी।
मैं विभा-पुत्र, जागरण गान है मेरा,
जग को अक्षय आलोक-दान है मेरा।

कोदण्ड-कोटि पर स्वर्ग लिए चलता हूँ,
कर-गत दुर्लभ अपवर्ग किये चलता हूँ।
आलोक-विशिख से बेध जगा जन-जन को,
सजता हूँ नूतन शिखा जला जीवन को!

जड़ को उड़ने की पाँख दिये देता हूँ,
चेतन के मन को आँख दिये देता हूँ।
दौड़ा देता हूँ तरल अग्नि नस-नस में,
रहने देता बल को न बुद्धि के बस में।

स्वर को कराल हुंकार बना देता हूँ,
यौवन को भीषण ज्वार बना देता हूँ।
शूरों के दृग अंगार बना देता हूँ,
हिम्मत को ही तलवार बना देता हूँ।

लोहू में देता हूँ वह तेज रवानी,
जूझती पहाड़ों से हो अभय जवानी।
मस्तक में भर अभिमान दिया करता हूँ,
पतनोन्मुख को उत्थान दिया करता हूँ।

म्रियमाण जाति को प्राण दिया करता हूँ,
पीयूष-प्रभा-मय गान दिया करता हूँ।
जो कुछ ज्वलन्त हैं भाव छिपे नर-नर में,
है छिपी विभा उनकी मेरे खर शर में।

किरणें आती हैं समय-वक्ष से कढ़ के,
जाती है अपनी राह धनुष पर चढ़ के।
हूँ जगा रहा आलोक अरुण बाणों से,
मरघट में जीवन फूँक रहा गानों से।

मैं विभा-पुत्र, जागरण गान है मेरा,
जग को अक्षय आलोक-दान है मेरा।

(हुंकार, 1940)

हाहाकार

दिव की ज्वलित शिखा-सी उड़ तुम जब से लिपट गयी जीवन में,
तृषावन्त मैं घूम रहा कविते! तब से व्याकुल त्रिभुवन में।

उर में दाह, कंठ में ज्वाला, सम्मुख यह प्रभु का मरुस्थल है,
जहाँ पथिक जल की झाँकी में एक बूँद के लिए विकल है!

घर-घर देखा धुआँ धरा पर, सुना, विश्व में आग लगी है,
'जल-ही-जल' जन-जन रटता है, कंठ-कंठ में प्यास जगी है।

सूख गया रस श्याम गगन का एक घूँट विष जग का पीकर;
ऊपर-ही-ऊपर जल जाते सृष्टि-ताप से पावस-सीकर।

मनुज-वंश के अश्रु-योग से जिस दिन हुआ सिन्धु-जल खारा!
गिरि ने चीर लिया निज उर, मैं ललक पड़ा लख जल की धारा!

पर विस्मित रह गया, लगी पीने जब वही मुझे सुधि खोकर,
कहती—'गिरि को फाड़ चली हूँ मैं भी बड़ी पिपासित होकर।'

यह वैषम्य नियति का मुझ पर, किस्मत बड़ी धन्य उन कवि की,
जिनके हित कविते! बनतीं तुम झाँकी नग्न अनावृत छवि की।

दुखी विश्व से दूर जिन्हें लेकर आकाश-कुसुम के वन में,
खेल रही तुम अलस जलद-सी किसि दिव्य नन्दन-कानन में।

भूषण-वसन जहाँ कुसुमों के, कहीं कुलिश का नाम नहीं है,
दिन भर सुमन-हार-गुम्फन को छोड़ दूसरा काम नहीं है।

वही धन्य, जिसको लेकर तुम बसीं कल्पना के शतदल पर,
जिनका स्वप्न तोड़ पाती है मिट्टी नहीं चरण-तल बजकर।

मेरी भी यह चाह, विलासिनि! सुन्दरता को शीश झुकाऊँ,
जिधर-जिधर मधुमयी बसी हो, उधर वसन्तानिल बन धाऊँ।

एक चाह कवि की यह देखूँ, छिपकर कभी पहुँच मालिनि-तट,
किस प्रकार चलती मुनि-बाला यौवनवती लिये कटि पर घट।

झाँकूँ उस माधवी-कुंज में, जो बन रहा स्वर्ग कानन में,
प्रथम परस की जहाँ लालिमा सिहर रही तरुणी-आनन में।

जनारण्य से दूर स्वप्न में मैं भी निज संसार बसाऊँ,
जग का आर्तनाद सुन अपना हृदय फाड़ने से बच जाऊँ।

मिट जाती ज्यों किरण बिहँस सारा दिन कर लहरों पर झिलमिल,
खो जाऊँ त्यों हर्ष मनाता, मैं भी निज स्वप्नों से हिलमिल।

पर नभ में न कुटी बन पाती, मैंने कितनी युक्ति लगाई,
आधी मिटती कभी कल्पना, कभी उजड़ती बनी-बनाई।

रह-रह पंखहीन खग-सा मैं गिर पड़ता भू की हलचल में,
झटिका एक बहा ले जाती स्वप्न-राज्य आँसू के जल में।

कुपित देव की शाप-शिखा जब विद्युत बन सिर पर छा जाती,
उठता चीख हृदय विद्रोही, अन्ध भावनाएँ जातीं।

निरख प्रतीची-रक्त-मेघ में अस्त-प्राय रवि का मुख-मण्डल,
पिघल-पिघलकर चू पड़ता है दृग से क्षुभित, विवश अन्तस्तल।

रणित विषम रागिनी मरण की आज विकट हिंसा-उत्सव में;
दबे हुए अभिशाप मनुज के लगे उदित होने फिर भव में।

शोणित से रंग रही शुभ्र पट संस्कृति निठुर लिये करवालें,
जला रही निज सिंहपौर पर दलित-दीन की अस्थि-मशालें।

घूम रही सभ्यता दानवी, 'शान्ति! शान्ति' करती भूतल में,
पूछे कोई, भिंगो रही वह क्यों अपने विष-दन्त गरल में।

टाँक रही हो सुई चर्म, पर शान्त रहें हम तनिक न डोलें;
यही शान्ति, गरदन कटती हो, पर हम अपनी जीभ न खोलें?

बोलें कुछ मत क्षुधित, रोटियाँ श्वान छीन खायें यदि कर से;
यही शान्ति, जब वे आएँ, हम निकल जायें चुपके निज घर से?

हब्शी पढ़ें पाठ संस्कृति के खड़े गोलियों की छाया में;
यही शान्ति, वे मौन रहें जब आग लगे उनकी काया में।

चूस रहे हों दनुज रक्त, पर हों मत दलित प्रबुद्ध कुमारी?
हो न कहीं प्रतिकार पाप का, शान्ति या कि यह युद्ध कुमारी!

जेठ हो कि हो पूस, हमारे कृषकों को आराम नहीं है;
छूटे कभी संग बैलों का, ऐसा कोई याम नहीं है।

मुख में जीभ, शक्ति भुज में, जीवन में सुख का नाम नहीं है,
वसन कहाँ? सूखी रोटी भी मिलती दोनों शाम नहीं है।

विभन-स्वप्न से दूर, भूमि पर यह दुखमय संसार कुमारी!
खलिहानों में जहाँ मचा करता है हाहाकार कुमारी!

बैलों के ये बन्धु, वर्ष भर क्या जानें, कैसे जीते हैं?
बँधी जीभ, आँखें विषण्ण, गम खा, शायद, आँसू पीते हैं!

पर शिशु का क्या हाल, सीख पाया न अभी जो आँसू पीना?
चूस-चूस सूखा स्तन माँ का सो जाता रो-विलप नगीना।

विवश देखती माँ, अंचल से नन्हीं जान तड़प उड़ जाती;
अपना रक्त पिला देती यदि फटती आज वज्र की छाती।

कब्र-कब्र में अबुध बालकों की भूखी हड्डी रोती है;
"दूध-दूध!" की कदम-कदम पर सारी रात सदा होती है।

"दूध-दूध!" ओ वत्स! मन्दिरों में बहरे पाषाण यहाँ हैं;
"दूध-दूध!" तारे, बोलो, इन बच्चों के भगवान कहाँ हैं?

"दूध-दूध!" दुनिया सोती है, लाऊँ दूध कहाँ, किस घर से?
"दूध-दूध!" हे देव गगन के! कुछ बूँदें टपका अम्बर से।

"दूध-दूध!" गंगा, तू ही अपने पानी को दूध बना दे।
"दूध-दूध!" उफ! है कोई, भूखे मुर्दों को जरा मना दे।

"दूध-दूध!" फिर "दूध!" अरे, क्या याद दूध की खो न सकोगे?
"दूध-दूध!" मरकर भी क्या तुम बिना दूध के सो न सकोगे?

वे भी यहीं, दूध से जो अपने श्वानों को नहलाते हैं!
ये बच्चे भी यहीं, कब्र में "दूध-दूध!"! जो चिल्लाते हैं!

बेकूसर, नन्हें देवों का शाप विश्व पर पड़ा हिमालय!
हिला चाहता मूल सृष्टि का, देख रहा क्या खड़ा हिमालय?

"दूध-दूध!" फिर सदा कब्र की, आज दूध लाना ही होगा;
जहाँ दूध के घड़े मिलें, उस मंजिल पर जाना ही होगा।

जय मानव की धरा साक्षिणी! जय विशाल अम्बर की जय हो!
जय गिरिराज! विन्ध्य-गिरि, जय-जय! हिन्द महासागर की जय हो!

हटो व्योम क मेघ! पन्थ से, स्वर्ग लूटने हम आते हैं,
"दूध-दूध!" ओ वत्स! तुम्हारा दूध खोजने हम जाते हैं।

(हुंकार, 1937)

दिगम्बरि!

उदय-गिरि पिनाकी का कहीं टंकार बोला;
दिगम्बरि! बोल, अम्बर में किरण का तार बोला।

(1)

तिमिर के भाल पर चढ़कर विभा के बाण वाले;
खड़े हैं मुन्तज़िर कब से नये अभियान वाले।
प्रतीक्षा है, सुनें कब व्यालिनि! फुंकार तेरा;
विदारित कब करेगा व्योम को हुंकार तेरा?
दिशा के बन्ध से झंझा विकल है छूटने को;
धरा के वक्ष से आकुल हलाहल फूटने को।
कलेजों से लगी बत्ती कहीं कुछ जल रही है;
हवा की साँस पर बेताब-सी कुछ चल रही है।
धराधर को हिला गूँजा धरणि में राग कोई,
तलातल से उभरती आ रही है आग कोई।
क्षितिज के भाल पर नव सूर्य के सप्ताश्व बोले।
चतुर्दिक् भूमि के उत्ताल पारावार बोला!
नये युग की भवानी, आ गयी वेला प्रलय की,
दिग्म्बरि! बोल, अम्बर में किरण का तार बोला।

(2)

थकी बेड़ी क़फ़स की हाथ में सौ बार बोली,
हृदय पर झनझनाती टूटकर तलवार बोली।
कलेजा मौत ने जब-जब टटोला इम्तिहाँ में,

ज़माने को तरुण की टोलियाँ ललकार बोलीं।
पुरातन और नूतन वज्र का संघर्ष बोला;
विभा-सा कौंधकर भू का नया आदर्श बोला;
नवागम-रोर से जागी बुझी ठण्डी चिता भी,
नयी शृंगी उठाकर वृद्ध भारतवर्ष बोला।
दरारें हो गयीं प्राचीर में बन्दी-भवन के,
हिमालय की दरी का सिंह भीमाकार बोला।
नये युग की भवानी, आ गयी वेला प्रलय की,
दिगम्बरि! बोल, अम्बर में किरण का तार बोला।

(3)

लगी है धूल को परवाज़, उड़ती छा रही है,
कड़कती दामिनी, झंझा कहीं से आ रही है।
घटा-सी दीखती जो, वह उमड़ती आह मेरी,
खड़ी जो विश्व का पथ रोक, है वह चाह मेरी।
सजीं चिनगारियाँ, निर्भय प्रभंजन मग्न आया,
कयामत की घड़ी आयी, प्रलय का लग्न आया।
दिशा गूँजी, बिखरता व्योम में उल्लास आया,
नये युगदेव का नूतन कटक लो पास आया।
पहन द्रोही-कवच रण में युगों के मौन बोले,
ध्वजा पर चढ़े अनागत धर्म का हुंकार बोला।
नये युग की भवानी, आ गयी वेला प्रलय की।
दिगम्बरि! बोल, अम्बर में किरण का तार बोला।

(4)

हृदय का लाल रस हम वेदिका में दे चुके हैं,
बिहँसकर विश्व का अभिशाप सिर पर ले चुके हैं।
परीक्षा में रुचे, वह कौन हम उपहार लायें?
बता, इस बोलने का मोल हम कैसे चुकाएँ?
युगों से हम अनय का भार ढोते आ रहे हैं;
न बोली तू मगर, हम रोज मिटते जा रहे हैं।

पिलाने को कहाँ से रक्त लायें दानवों को?
नहीं क्या स्तत्व है प्रतिशोध का हम मानवों को?
जरा तू बोल तो, सारी धरा हम फूँक देंगे;
पड़ा जो पन्थ में गिरि, कर उसे दो टूक देंगे।
कहीं कुछ पूछने बूढ़ा विधाता आज आया;
कहेंगे, हाँ, तुम्हारी सृष्टि को हमने मिटाया।
जिला फिर पाप को, टूटी धरा यदि जोड़ देंगे;
बनेगा जिस तरह, उस सृष्टि को हम फोड़ देंगे।
हृदय की वेदना बोली लहू बन लोचनों में;
उठाने मृत्यु का घूँघट हमारा प्यार बोला।
नये युग की भवानी, आ गयी वेला प्रलय की;
दिगम्बरि! बोल, अम्बर में किरण का तार बोला।

(हुंकार, 1939)

निमन्त्रण

तिमिर में स्वर के बाले दीप आज फिर आता है कोई।

'हवा में कब तक ठहरी हुई।
रहेगी जलती हुई मशाल?
थकी तेरी मुट्ठी यदि वीर,
सकेगा इसको कौन सँभाल?'
अनल-गिरि पर से मुझे पुकार राग यह गाता है कोई।

हलाहल का दुर्जय विस्फोट,
भरा अङ्गारों से तूफान,
दहकता-जलता हुआ खगोल,
कड़कता हुआ दीप्त अभिमान।
निकट ही कहीं प्रलय का स्पप्न मुझे दिखलाता है कोई।

सुलगती नहीं यज्ञ की आग,
दिशा धूमिल, यजमान अधीर;
पुरोधा-कवि कोई है यहाँ?
देश को दे ज्वाला के तीर।
धुओं में किसी वह्नि का आज निमन्त्रण लाता है कोई।

(सामधेनी, 1944)

आशा का दीपक

वह प्रदीप जो दीख रहा है झिलमिल, दूर नहीं है;
थककर बैठ गये क्या भाई! मंजिल दूर नहीं है।

(1)

चिनगारी बन गयी लहू की बूँद गिरी जो पग से;
चमक रहे, पीछे मुड़ देखो, चरण-चिह्न जगमग-से।
शुरू हुई आराध्य-भूमि यह, क्लान्ति नहीं रहे राही;
और नहीं तो पाँव लगे हैं क्यों पड़ने डगमग-से?
बाकी होश तभी तक, जब तक जलता तूर नहीं है;
थककर बैठकर गये क्या भाई! मंजिल दूर नहीं है।

(2)

अपनी हड्डी की मशाल से हृदय चीरते तम का,
सारी रात चले तुम दुख झेलते कुलिश निर्मम का।
एक खेय है शेष, किसी विध पार उसे कर जाओ;
वह देखो, उस पार चमकता है मन्दिर प्रियतम का।
आकर इतना पास फिरे, वह सच्चा शूर नहीं है;
थककर बैठ गये क्या भाई! मंजिल दूर नहीं है।

(3)

दिशा दीप्त हो उठी प्राप्त कर पुण्य-प्रकाश तुम्हारा,
लिखा जा चुका अनल-अक्षरों में इतिहास तुम्हारा।
जिस मिट्टी ने लहू पिया, वह फूल खिलायेगी ही,

अम्बर पर धन बन छायेगा ही उच्छ्वास तुम्हारा।
औरे अधिक ले जाँच, देवता इतना क्रूर नहीं है;
थककर बैठ गये क्या भाई! मंजिल दूर नहीं है।

(सामधेनी, 1943)

कलिंग-विजय

(1)

युद्ध की इति हो गयी; रण-भू श्रमित, सुनसान;
गिरि-शिखर पर थम गया है डूबता दिनमान–

देखते यम का भयावह कृत्य,
अन्ध मानव की नियति का नृत्य;

सोचते, इस बन्धु-वध का क्या हुआ परिणाम?
विश्व को क्या दे गया इतना बड़ा संग्राम?

युद्ध का परिणाम?
युद्ध का परिणाम ह्रासत्रास!
युद्ध का परिणाम सत्यानाश!
रुण्ड-मुण्ड-लुठन, निहिंसन, मीच!
युद्ध का परिणाम लोहित कीच!
हो चुका जो कुछ रहा भवितव्य,
यह नहीं नर के लिए कुछ नव्य;
भूमि का प्राचीन यह अभिशाप,
तू गगनचारी! न कर सन्ताप।
मौन कब के हो चुके रण-तूर्य्य,
डूब जा तू भी कहीं ओ सूर्य!

छा गया तम, आ गये तारे तिमिर को चीर,
आ गया विधु; किन्तु क्यों आकृति किये गम्भीर?
और उस घन-खण्ड ने विधु को लिया क्यो ढाँक?
फिर गया शशि क्या लजाकर पाप नर के झाँक?
चाँदनी घन में मिली है छा रही सब ओर,
साँझ को ही दीखता ज्यों हो गया हो भोर।

मौन हैं चारों दिशाएँ, स्तब्ध है आकाश,
श्रव्य जो भी शब्द, वे उठते मरण के पास।

(2)

शब्द? यानी घायलों की आह,
घाव के मारे हुओं की क्षीण, करुण कराह,
बह रहा जिसका लहू उसका क़रुण चीत्कार,
श्वान जिसको नोचते उसकी अधीर पुकार।
''घूँट भर पानी, जरा पानी रटन, फिर मौन'
''घूँट भर पानी अमृत है, आज देगा कौन?

बोलते यम के सहोदर श्वान,
बोलते जम्बुक कृतान्त-समान।

मृत्यु-गढ़ पर है खड़ा जयकेतु रेखाकार,
हो गयी हो शान्ति मरघट की यथा साकार।
चल रहा ध्वज के हृदय में द्वन्द्व,
वैजयन्ती है झुकी निस्पन्द।

जा चुके सब लोग फिर आवास,
हत्‌मना कुछ और कुछ सोल्लास।
अङ्क में घायल, मृतक, निश्चेत,
शूर-वीरों को लिटाये रह गया रण-खेत।

और इस सुनसान में निःसङ्ग,
खोजते सच्छान्ति का परिष्वङ्ग,
मूर्तिमय परिताप-से विभ्राट्,
हैं खड़े केवल मगध-सम्राट्।

टेक सिर ध्वज का लिये अवलम्ब,
आँख से झर-झर बहाते अम्बु।
भूलकर भूपाल का अहमित्व,
शीश वर वध का लिये दायित्व।

जा चुकी है दृष्टि जग के पार,
आ रहा सम्मुख नया संसार।
चीर वक्षोदेश भीतर पैठ,
देवता कोई हृदय में बैठ,
दे रहा है सत्य का संवाद,
सुन रहे सम्राट् कोई नाद।

''मन्द मानव! वासनस के भृत्य!
देख ले भर आँख निज दुष्कृत्य
यह धरा तेरी न थी उपनीत,
शत्रु की त्यों ही नहीं थी क्रीत।

सृष्टि सारी एक प्रभु का राज,
स्वत्व है सबका प्रजा के व्याज।
मानकर प्रति जीव का अधिकार,
ढो रही धरणी सभी का भार।

एक ही स्तन का पयस कर पान,
जी रहे बलहीन औ' बलवान।
देखने को बिम्ब-रूप अनेक,
किन्तु, दृश्याधार दर्पण एक।

मृत्ति तो बिकती यहाँ बेदाम,
साँस से चलता मनुज का काम।
मृत्तिका हो या कि दीपित स्वर्ण,
साँस पाकर मूर्ति होती पूर्ण।

राज या बल पा अमित अनमोल,
साँस का बढ़ता न किंचित् मोल।
दीनता, दौर्बल्य या अपमान,
त्यों घटा सकते न इसका मान।

तू हुआ सब कुछ, मनुज लेकिन, रहा अब क्या न?
जो नहीं कुछ बन सका, वह भी मनुज है, मान।

हाय रे धनलुब्ध जीव कठोर!
हाय रे दारुण! मुकुटधर भूप लोलुप, चोर।
साज कर इतना बड़ा सामान,
स्वत्व निज सर्वत्र अपना मान।
खड्ग-बल का ले मृषा आधार,
छीनता फिरता मनुज के प्राकृतिक अधिकार।

चरण से प्रभु के नियम का चार,
तू बना है चाहता भगवान अपना आप।
भौं उठा पायें न तेरे सामने बलहीन,
इसलिए ही तो प्रलय यह! हाय रे हिय-हीन!
शमित करने को स्वमत अति ऊन,
चाहिए तुझको मनुज का खून।

क्रूरता का साथ ले आख्यान,
जा चुके हैं, जा रहे हैं प्राण।

स्वर्ग में है आज हाहाकार,
चाहता उजड़ा बसा संसार।

“भूमि का मानी महीन अशोक,
बाँटता फिरता चतुर्दिक् शोक।
‘बाँटता सुत-शोक औ’ वैधव्य,
बाँटता पशु को मनुज का क्रव्य

लूटता है गोदियों के लाल,
लूटता सिन्दूर-सज्जित भाल।
यह मनुज-तन में किसी शक्रारि का अवतार,
लूट लेता है नगर की सिद्धि, सुख, शृंगार।

शामित करने को स्वमद अति ऊन,
चाहिए उसको मनुज का खनू।”

(3)

आत्म-दंशन की व्यथा, परिताप, पश्चात्ताप,
डँस रहे सब मिल, उठा है भूप का मन काँप
स्तब्धता को भेद बारम्बार,
आ रहा है क्षीण हाहाकार।

यह हृदय-द्रावक, करुण वैधव्य कर चीत्कार!
यह किसी बूढ़े पिता का भग्न, आर्त पुकार!
यह किसी मृतवत्सला की आह!
आ रही करती हुई दिवदाह!

आ रही है दुर्बलों की हाय,
सूझता है त्राण का नृप को न एक उपाय
आह की सेना अजेय विराट्
भाग जा, छिप जा कहीं सम्राट्।

खड्ग से होगी नहीं यह भीत,
तू कभी इसको न सकता जीत।

सामने मन के विरूपाकार,
है खड़ा उल्लङ्घ हो संहार।

षोडशी शुक्लाम्बराएँ आभरण कर दूर,
धूल मलकर धो रही है माँग का सिन्दूर।
वीर-बेटों की चिताएँ देख ज्वलित समक्ष,
रो रही माँएँ हजारों पीटतीं सिर-वक्ष।

हैं खुले नृप के हृदय के कान;
हैं खुले मन के नयन अम्लान।
सुन रहे हैं विह्वला की आह,
देखे हैं स्पष्ट शव का दाह।

सुन रहे हैं भूप होकर व्यग्र,
रो रहा कैसे कलिङ्ग समग्र?

रो रही हैं वे कि जिनका जल गया शृङ्गार;
रो रही जिनका गया मिट फूलता संसार;
जल गयी उम्मीद, जिनका जल गया है प्यार;
रो रहीं जिनका गया छिन एक ही आधार।

चूड़ियाँ दो एक ही प्रतिगृह हुई हैं चूर,
पुँछ गया प्रति गेह से दो-एक का सिन्दूर।
बुझ गया प्रतिगृह किसी की आँख का आलोक,
इस महाविध्वंस का दायी महीप अशोक।

ध्यान में थे हो रहे आघात,
कान ने सुन ली मगर, यह बात।
नाम सुन अपना उसाँसें खींच,
नाक, भौं, आँखें घृणा से मीच,

इस तरह बोले महीपति खिन्न
आपसे ज्यों हो गये हों भिन्न–
"विश्व में पापी महीप अशोक,
छीनता है आँख का आलोक।"

देह के दुर्द्धर्ष पशु को मार,
ले चुके हैं देवता अवतार।
निन्द्य लगते पूर्वकृत सब काम,
सुन न सकते आज वे निज नाम।

अश्रु में घुल बह गया कुत्सित, निहीन, विवर्ण,
रह गया है शेष केवल तप्त, निर्मल स्वर्ण।
हूक-सी आकर गयी कोई हृदय को तोड़,
ठेस से विष-भाण्ड को कोई गयी है फोड़।
बह गया है अश्रु बनकर कालकूट ज्वलन्त,
जा रहा भरता दया के दूध से वेशन्त।

दूध अन्तर का सरल, अम्लान,
खिल रहा मुख देश पर द्युतिमान।
किन्तु, हैं अब भी झनत्कृत तार,
बोलते हैं भूप बारम्बार–

"हाय रे गार्हित विजय-मद ऊन,
क्या किया मैंने! बहाया आदमी का ख़ून!"

(4)

खुल गयी है शुभ मन की आँख,
खुल गयी है चेतना की पाँख;

प्राण की अन्तःशिला पर आज पहली बार,
जागकर करुणा उठी है कर मृदुल झनकार।

आँसुओं में गल रहे हैं प्राण,
खिल रहा मन में कमल अम्लान।

गिर गया हतबुद्धि-सा थककर पुरुष दुर्जेय,
प्राण से निकली अनामय नारि एक अमेय।

अर्धनारीश्वर अशोक महीप;
नर पराजित, नारि सजाती है विजय का दीप।

पायलों की सुन मृदुल झनकार,
गिर गयी कर से स्वयं तलवार।
वज्र का उर हो गया दो टूक,
जग उठी कोई हृदय में हूक।

लाल किरणों में यथा हँसता तटी का देश,
एक कोमल ज्ञान से त्यों खिल उठा हृद्देश।
खोल दृग, चारों तरफ अवलोक,
सिर झुका कहने लगे मानी महीप अशोक—

"हे नियन्ता विश्व में कोई अचिन्त्य, अमेय!
ईश या जगदीश कोई शक्ति हे अज्ञेय!

हों नहीं क्षन्तव्य जो मेरे विगर्हित पाप,
दो वचन, अक्षय रहे यह ग्लानि, यह परिताप।

प्राण में बल दो, रखूँ निज को सदैव सँभाल,
देव, गर्वस्फीत हो ऊँचा उठे मत भाल।

शत्रु हो कोई नहीं, हो आत्मवत् संसार,
पुत्र-सा पशु-पक्षियों को भी सकूँ कर प्यार।

मिट नहीं जाये किसी का चरण-चिह्न पुनीत,
राह में भी मैं चलूँ पग-पग सजग, सम्भीत।

हो नहीं मुझको किसी पर रोष,
धर्म्म का गूँजे जगत में घोष।

बुद्ध की जय! धर्म की जय! संघ का जय-गान,
आ बसें मुझमें तथागत मारजित् भगवान।"

देवता को सौंपकर सर्वस्व,
भूप मन-ही-मन गये हो निःस्व।

(5)

और तब उन्मादिनी सोल्लास,
रक्त पर बहती विजय आयी वरण को पास।
सङ्ग लेकर ब्याह का उपहार,
रक्त-कर्दम के कमल का हार।

पर डिगे तिल-भर न वीर महीप;
थी जिला करुणा चुकी तब तक विजय का दीप।

(सामधेनी, 1941)

दिल्ली और मास्को

(1)

जय विधायिके अमर क्रान्ति की! अरुण देश की रानी!
रक्त-कुसुम-धारिणि! जगतारिणि! जय नव शिवे! भवानी!

अरुण विश्व की काली, जय हो,
लाल सितारों वाली, जय हो,
दलित, बुभुक्षु, विषण्ण मनुज की,
शिखा रुद्र मतवाली, जय हो।

जगज्ज्योति, जय-जय, भविष्य की राह दिखाने वाली,
जय समत्व की शिखा, मनुज की प्रथम विजय की लाली।
भरे प्राण में आग, भयानक विप्लव का मद ढाले,
देश-देश में घूम रहे तेरे सैनिक मतवाले।

नगर-नगर जल रहीं भट्ठियाँ,
घर-घर सुलग रही चिनगारी;
यह आयोजन जगद्दहन का,
यह जन उठने की तैयारी;
देश-देश में शिखा क्षोभ की
उमड़-घुमड़कर बोल रही है;
लरज रहीं चोटियाँ शैल की,
धरती क्षण-क्षण डोल रही है।

ये फूटे अङ्गार, कढ़े अम्बर में लाल सितारे,
फटी भूमि वे बढ़े ज्योति के लाल-लाल फव्वारे।
बन्ध, विषमता के विरुद्ध सारा संसार उठा है,
अपना बल पहचान, लहरकर पारावार उठा है।
छिन्न-भिन्न हो रहीं मनुजता के बन्धन की कड़ियाँ,
देश-देश में बरस रहीं आजादी की फुलझड़ियाँ।

(2)

एक देश है जहाँ विषमता
से अच्छी हो रही गुलामी,
जहाँ मनुज पहले स्वतन्त्रता
से हो रहा साम्य का कामी।

भ्रमित ज्ञान से जहाँ जाँच हो—
रही दीप्त स्वातन्त्र्य-समर की,
जहाँ मनुज है पूज रहा जग को,
बिसार सुधि अपने घर की।

जहाँ मृषा सम्बन्ध विश्व-मानवता
से नर जोड़ रहा है,
जन्मभूमि का भाग्य जगत् की
नीति-शिला पर फोड़ रहा है।

चिल्लाते हैं 'विश्व, विश्व' कह जहाँ चतुर नर ज्ञानी,
बुद्धि-भीरु सकते न डाल जलते स्वदेश पर पानी।
जहाँ मास्को के रणधीरों के गुण गाये जाते,
दिल्ली के रुधिराक्त वीर को देख लोग सकुचाते।

(3)

दिल्ली, आह, कलङ्क देश का,
दिल्ली, आह, ग्लानि की भाषा,

दिल्ली, आह, मरण पौरुष का,
दिल्ली, छिन्न-भिन्न अभिलाषा।

विवश देश की छाती पर ठोकर की एक निशानी,
दिल्ली, पराधीन, भारत की जलती हुई कहानी।
मरे हुओं की ग्लानि, जीवितों को रण की ललकार,
दिल्ली, वीरविहीन देश की गिरी हुई तलवार।

बरबस लगी देश के होंठों
से यह भरी जहर की प्याली,
यह नागिनी स्वेदश-हृदय पर
गरल उँड़ेल लोटने वाली।

प्रश्नचिह्न भारत का, भारत के बल की पहचान,
दिल्ली राजपुरी भारत की, भारत का अपमान।

(4)

ओ समता के वीर सिपाही,
कहो, सामने कौन अड़ी है?
बल से दिये पहाड़ देश की
छाती पर यह कौन पड़ी है?

यह है परतन्त्रता देश की,
रुधिर देश का पीने वाला;
मानवता कहता तू जिसको
उसे चबाकर जीने वाली।

यह पहाड़ के नीचे पिसता
हुआ मनुज क्या प्रेय नहीं है?
इसका मुक्ति-प्रयास स्वयं ही
क्या, उज्ज्वलतम श्रेय नहीं है?

यह जो कटे वीर-सुत माँ के,
यह जो बही रुधिर की धारा,
यह जो डोली, भूमि देश की,
यह जो काँप गया नभ सारा।

यह जो उठी शौर्य की ज्वाला, यह जो खिला प्रकाश;
यह जो खड़ी हुई मानवता रचने को इतिहास;
कोटि-कोटि सिंहों की यह जो उट्ठी मिलित दहाड़;
यह जो छिपे सूर्य-शशि, यह जो हिलने लगे पहाड़।

सो क्या था विस्फोट अनर्गल?
बाल-कुतूहल? नर-प्रमाद था?
निष्पेषित मानवता का यह
क्या न भयंकर तूर्य-नाद था?

इसे उद्वेलन-बीच प्रलय का
था पूरित उल्लास नहीं क्या?
लाल भवानी पहुँच गयी है
भरत-भूमि के पास नहीं क्या?

फूट पड़ी है क्या न प्राण में नये तेज की धारा?
गिरने को हो रही छोड़कर नींव नहीं क्या कारा?
नगपति के पद में जब तक है बँधी हुई ज़ंजीर,
तोड़ सकेगा कौन विषमता का प्रस्तर-प्राचीर?

(5)

दहक रही मिट्टी स्वदेश की,
खौल रहा गङ्गा का पानी;
प्राचीरों में गरज रही है
ज़ंजीरों से कसी जवानी।

यह प्रवाह निर्भीक तेज का,
यह अजस्र यौवन की धारा,
अनवरुद्ध यह शिखा यज्ञ की,
यह दुर्जय अभियान हमारा।

यह सिद्धाग्नि प्रबुद्ध देश की जड़ता हरने वाली,
जन-जन के मन में बन पौरुष-शिखा विहरने वाली।
अर्पित करो समिध, आओ, हे समता के अभियानी!
इसी कुण्ड से निकलेगी भारत की लाल भवानी।

(6)

हा, भारत की लाल भवानी,
जवा-कुसुम के हारों वाली,
शिव, रक्त-रोहित-वसना,
कबरी में लाल सितारों वाली।

कर में लिये त्रिशूल, कमण्डल,
दिव्य-शोभिनी, सुरसरि-स्नाता,
राजनीति की अचल स्वामिनी,
साम्य-धर्म-ध्वज-धर की माता।

भरत-भूमि की मिट्टी से शृङ्गार सजाने वाली,
चढ़ हिमाद्रि पर विश्व-शान्ति का शंख बजाने वाली।

(7)

दिल्ली का नभ दहक उठा, यह—
श्वास उसी कल्याणी का है।
चमक रही जा लपट चतुर्दिक्,
अंचल लाल भवानी का है।

खौल रहे जो भाव वह्निमय,
ये हैं आशीर्वाद उसी के,
'जय भारत' के तुमुल शेर में
गुंजित सङ्गर-नाद उसी के।

दिल्ली के नीचे मर्दित अभिमान नहीं केवल है,
दबा हुआ शत-लक्ष नरों का अन्न-वस्त्र, धन-बल है।
दबी हुई इसके नीचे भारत की लाल भवानी,
जो तोड़े यह दुर्ग, वही है समता का अभियानी

(सामधेनी, 1945)

युधिष्ठिर का विलाप

आयी हुई मृत्यु से कहा अजेय भीष्म ने कि
'योग नहीं जाने का अभी है, इसे जानकर,
रुकी रहो पास कहीं'; और स्वयं लेट गये
बाणों का शयन, बाण का ही उपधान कर।
व्यास कहते हैं, रहे यों ही वे पड़े विमुक्त,
काल के करों से छीन मुष्टि-गत प्राण कर।
और पन्थ जोहती विनीत कहीं आसपास
हाथ जोड़ मृत्यु रही खड़ी शास्ति मानकर।

शृंग चढ़ जीवन के आर-पार हेरते-से
योगलीन लेटे थे पितामह गम्भीर-से।
देखा धर्मराज ने, विभा प्रसन्न फैल रही
श्वेत शिरोरुह, शर-ग्राथित शरीर से।
करते प्रणाम, छूते सिर से पवित्र पद,
उँगली को धोते हुए लोचनों के नीर से,
''हाय पितामह, महाभारत विफल हुआ''
चीख उठे धर्मराज व्याकुल, अधीर-से।

''वीरगति पाकर सुयोधन चला गया।
छोड़ मेरे सामने अशेष ध्वंस का प्रसार;
छोड़ मेरे हाथ में शरीर निज प्राणहीन,
व्योम में बजाता जय-दुन्दुभि-सा बार-बार;
और यह मृतक शरीर जो बचा है शेष,

चुप-चुप मानो पूछता है मुझसे पुकार—
विजय का एक उपहार मैं बचा हूँ, बोलो,
जीत किसकी है और किसकी हुई है हार?

''हाय, पितामह, हार किसकी हुई है यह?
ध्वंस-अवशेष पर सिर धुनता है कौन?
कौन भस्मराशि में विफल सुख ढूँढ़ता है?
लपटों से मुकुट का पट बुनता है कौन?
और बैठ मानव की रक्त-सरिता के तीर
नियति के व्यंग्य-भरे अर्थ गुनता है कौन?
कौन देखता है शवदाह बन्धु-बान्धवों का?
उत्तरा का करुण विलाप सुनता है कौन?

''जानता कहीं जो परिणाम महाभारत का,
तन-बल छोड़ मैं मनोबल से लड़ता;
तप से, सहिष्णुता से, त्याग से सुयोधन को
जीत, नयी नींव इतिहास की मैं धरता।
औ कहीं वज्र गलता न मेरी आह से जो,
मेरे तप से नहीं सुयोधन सुधरता;
तो भी हाय, यह रक्तपात नहीं करता मैं,
भाइयों के संग कहीं भीख माँग मरता।

''किन्तु हाय, जिस दिन बोया गया युद्ध-बीज,
साथ दिया मेरा नहीं मेरे दिव्य ज्ञान ने;
उलट दी मति मेरी भीम की गदा ने और
पार्थ के शरासन ने, अपनी कृपाण ने;
और जब अर्जुन को मोह हुआ रण-बीच,
बुझती शिखा में दिया घृत भगवान ने;
सबकी सुबुद्धि पितामह, हाय, मारी गयी,
सबको विनष्ट किया एक अभिमान ने

"कृष्ण कहते हैं, युद्ध अनघ है, किन्तु मेरे
प्राण जलते हैं पल-पल परिताप से;
लगता मुझे है, क्यों मनुष्य बच पाता नहीं
दह्यमान इस पुराचीन अभिशाप से?
और महाभारत की बात क्या? गिराए गये
जहाँ छल-छद्म से वरेण्य वीर आप-से,
अभिमन्यु-वध औ' सुयोधन का वध हाय,
हममें बचा है यहाँ कौन, किस पाप से?

"एक ओर सत्यमयी गीता भगवान की है,
एक ओर जीवन की विरति प्रबुद्ध है;
जानता हूँ, लड़ना पड़ा था हो विवश, किन्तु,
लोहू-सनी जीत मुझे दीखती अशुद्ध है;
ध्वंसजन्य सुख या कि साश्रु दुख शान्तिजन्य,
ज्ञात नहीं, कौन बात नीति के विरुद्ध है;
जानता नहीं मैं कुरुक्षेत्र में खिला है पुण्य,
या महान पाप यहाँ फूटा बन युद्ध है।

"सुलभ हुआ है जो किरीट कुरुवंशियों का,
उसमें प्रचण्ड कोई दाहक अनल है;
अभिषेक से क्या पाप मन का धुलेगा कभी?
पापियों के हित तीर्थ-वारि हलाहल है;
विजय कराल नागिनी-सी डँसती है मुझे,
इससे न जूझने को मेरे पास बल है;
ग्रहण करूँ मैं कैसे? बार-बार सोचता हूँ,
राजमुख लोहू-भरी कीच का कमल है।

"बालहीना माता की पुकार कभी आती, और
आता कभी आर्तनाद पितृहीन बाल का;
आँख पड़ती है जहाँ, हाय, वहीं देखता हूँ
सिंदूर पुँछा हुआ सुहागिनी के भाल का;

बाहर से भाग कक्ष में जो छिपता हूँ कभी,
तो भी सुनता हूँ अट्टहास क्रूर काल का;
और सोते-जागते में चौंक उठता हूँ मानो
शोणित पुकारता हो अर्जुन के लाल का।

"जिस दिन समर की अग्नि बुझ शान्त हुई,
एक आग तब से ही जलती है मन में;
हाय, पितामह, किसी भाँति नहीं देखता हूँ
मुँह दिखलाने योग्य निज को भुवन में;
ऐसा लगता है, लोग देखते घृणा से मुझे,
धिक् सुनता हूँ अपने पै कण-कण में;
मानव को देख आँखें आप झुक जातीं, मन
चाहता अकेला कहीं भाग जाऊँ वन में।

"करूँ आत्मघात तो कलंक और ओर होगा,
नगर को छोड़ अतएव, वन जाऊँगा;
पशु-खग भी देख पाएँ जहाँ, छिप किसी
कन्दरा में बैठ अश्रु खुलके बहाऊँगा;
जानता हूँ, पाप न धुलेगा वनवास से भी
छिपा तो रहूँगा, दुख कुछ तो भुलाऊँगा;
व्यंग्य से बिंधेगा वहाँ जर्जर हृदय तो नहीं,
वन में कहीं तो धर्मराज न कहाऊँगा।"

और तब चुप हो रहे कौन्तेय,
संयमित करके किसी विध शोक दुष्परिमेय
उस जलद-सा एक पारावार
हो भरा जिसमें लबालब, किन्तु, जो लाचार
बरस तो सकता नहीं, रहता मगर बेचैन है।

(कुरुक्षेत्र)

अभिनव मनुष्य

है बहुत बरसी धरित्री पर अमृत की धार,
पर नहीं अब तक सुशीतल हो सका संसार।
भोग-लिप्सा आज भी लहरा रही उद्दाम,
बह रही असहाय नर की भावना निष्काम।

भीष्म हों अथवा युधिष्ठिर या कि हों भगवान,
बुद्ध हों कि अशोक, गाँधी हों कि ईसु महान;
सिर झुका सबको, सभी को श्रेष्ठ निज से मान,
मात्र झुका वाचिक ही उन्हें देता हुआ सम्मान,
दग्ध कर पर को, स्वयं भी भोगता दुख-दाह,
जा रहा मानव चला अब भी पुरानी राह।

अपहरण, शोषण वही, कुत्सित वही अभियान,
खोजना चढ़ दूसरों के भस्म पर उत्थान;
शील से सुलझा न सकना आपसी व्यवहार,
दौड़ना रह-रह उठा उन्माद की तलवार।
द्रोह से अब भी वही अनुराग,
प्राण में अब भी वही फुंकार भरता नाग।

पूर्वयुग-सा आज का जीवन नहीं लाचार,
आ चुका है दूर द्वापर से बहुत संसार;
यह समय विज्ञान का, सब भाँति पूर्ण, समर्थ;
खुल गये हैं गूढ़ संसृति के अमित गुरु अर्थ।

चीरता तम को, सँभाले बुद्धि की पतवार,
आ गया है ज्योति की नव भूमि में संसार।

आज की दुनिया विचित्र, नवीन;
प्रकृति पर सर्वत्र है विजयी पुरुष आसीन।
है बँधे नर के करों में वारि, विद्युत, भाप,
हुक्म पर चढ़ता-उतरता है पवन का ताप।
हैं नहीं बाकी कहीं व्यवधान,
लाँघ सकता नर सरित्, गिरि, सिन्धु एक समान।

शीश पर आदेश कर अवधार्य,
प्रकृति के सब तत्व करते हैं मनुज के कार्य।
मानते हैं हुक्म मानव का महा वरुणेश,
और करता शब्दगुण अम्बर वहन सन्देश।
नव्य नर की मुष्टि में विकराल
हैं सिमटते जा रहे प्रत्येक क्षण दिक्काल।

यह प्रगति निस्सीम! नर का यह अपूर्व विकास!
चरण-तल भूगोल! मुट्ठी में निखिल आकाश!

किन्तु, है बढ़ता गया मस्तिष्क ही निःशेष,
छूटकर पीछे गया है रह हृदय का देश;
नर मनाता नित्य नूतन बुद्धि का त्योहार,
प्राण में करते दुखी हो देवता चीत्कार।

चाहिए उनको न केवल ज्ञान,
देवता हैं माँगते कुछ स्नेह कुछ बलिदान,
मोम-सी कोई मुलायम चीज,
ताप पाकर जो उठे मन में पसीज-पसीज;
प्राण के झुलसे विपिन में फूल कुछ सुकुमार;
ज्ञान के मरु में सुकोमल भावना की धार;

चाँदनी की रागिनी, कुछ भोर की मुसकान;
नींद में भूली हुई बहती नदी का गान;
रंग में घुलता हुआ खिलती कली का राज;
पत्तियों पर गूँजती कुछ ओस की आवाज;
आँसुओं में दर्द की गलती हुई तस्वीर;
फूल की, रस में बसी-भींगी हुई जंजीर।
धूम, कोलाहल, थकावट धूल के उस पार,
शीत जल से पूर्ण कोई मन्दगामी धार;
वृक्ष के नीचे जहाँ मन को मिले विश्राम,
आदमी काटे जहाँ कुछ छुट्टियाँ, कुछ शाम।
कर्म-संकुल लोक-जीवन से समय कुछ छीन,
हो जहाँ पर बैठ नर कुछ पल स्वयं में लीन;
फूल-सा एकान्त में उर खोलने के हेतु,
शाम को दिन की कमाई तोलने के हेतु।

ले चुकी सुख-भाग समुचित से अधिक है देह,
देवता हैं माँगते मन के लिए लघु गेह।

हाय रे मानव, नियति के दास!
हाय रे मनुपुत्र, अपना आप ही उपहास!
प्रकृति की प्रच्छन्नता, को जीत,
सिन्ध से आकाश तक सबको किये भयभीत;
सृष्टि को निज बुद्धि से करता हुआ परिमेय,
चीरता परमाणु की सत्ता असीम, अज्ञेय,
बुद्धि के पवमान में उड़ता हुआ असहाय
जा रहा तू किस दिशा की ओर को निरुपाय?
लक्ष्य क्या? उद्देश्य क्या? क्या अर्थ?
यह नहीं यदि ज्ञात तो विज्ञान का श्रम व्यर्थ।

सुन रहा आकाश चढ़ ग्रह-तारकों का नाद;
एक छोटी बात ही पड़ती न तुझको याद?

एक छोटी, एक सीधी बात,
विश्व में छायी हुई है वासना की रात।
वासना की यामिनी, जिसके तिमिर से हार,
हो रहा नर भ्रान्त अपना आप ही आहार;
बुद्धि में नभ की सुरभि, तन में रुधिर की कीच,
यह वचन से देवता, कर्म से पशु नीच।

यह मनुज,
जिसका गगन में जा रहा है यान,
काँपते जिसके करों को देखकर परमाणु।
खोलकर अपना हृदय गिरि, सिन्धु, भू, आकाश
हैं सुना जिसको चुके निज गुह्यतम इतिहास।
खुल गये परदे, रहा अब क्या यहाँ अज्ञेय?
किन्तु, नर को चाहिए नित विघ्न कुछ दुर्जेय,
सोचने को और करने को नया संघर्ष,
नव्य जय का क्षेत्र, पाने को नया उत्कर्ष।

पर धरा सुपरीक्षिता, विश्लिष्ट, स्वाद-विहीन,
यह पढ़ी पोथी न दे सकती प्रवेग नवीन।
एक लघु हस्तामलक यह भूमिमण्डल गोल,
मानवों ने पढ़ लिये सब पृष्ठ जिसके खोल।
किन्तु, नर-प्रज्ञा सदा गतिशालिनी, उद्दाम
ले नहीं सकती कहीं रुक एक पल विश्राम।
यह परीक्षित भूमि, यह पोथी पठित, प्राचीन
सोचने को दे उसे अब बात कौन नवीन?
यह लघुग्रह भूमिमण्डल, व्योम यह संकीर्ण,
चाहिए नर को क्या कुछ और जग विस्तीर्ण।

घुट रही नर-बुद्धि की है साँस;
चाहती वह कुछ जग, कुछ बड़ा आकाश।
यह मनुज, जिसके लिए लघु हो रहा भूगोल,
अपर-ग्रह-जय की तृषा जिसमें उठी है बोल।
यह मनुज विज्ञान में निष्णात,

जो करेगा, स्यात् मंगल और विधु से बात।
यह मनुज, ब्रह्माण्ड का सबसे सुरम्य प्रकाश,
कुछ छिपा सकते न जिससे भूमि या आकाश।
यह मनुज, जिसकी शिखा उद्दाम;
कर रहे जिसको चराचर भक्तियुक्त प्रणाम।
यह मनुज, जो सृष्टि का शृंगार;
ज्ञान का, विज्ञान का, आलोक का आगार।

पर सको सुन तो सुनो, मंगल-जगत के लोग!
तुम्हें छूने को रहा जो जीव कर उद्योग,
वह अभी पशु है; निरा पशु, हिंस्र, रक्त-पिपासु,
बुद्धि उसकी दानवी है स्थूल की जिज्ञासु।
कड़कता उसमें किसी का जब कभी अभिमान,
फूँकने लगते सभी हो मत्त मृत्यु-विषाण।

यह मनुज ज्ञानी, शृगालों, कुक्कुरों से हीन।
हो, किया करता अनेकों क्रूर कर्म मलीन।
देह ही लड़ती नहीं, हैं जूझते मन-प्राण,
साथ होते ध्वंस में इसके कला-विज्ञान।
इस मनुज के हाथ से विज्ञान के भी फूल,
वज्र होकर छूटते शुभ धर्म अपना भूल।

यह मनुज, जो ज्ञान का आगार!
यह मनुज, जो सृष्टि का शृंगार!
नाम सुन भूलो नहीं, सोचो-विचारो कृत्य;
यह मनुज, संहार-सेवी वासना का भृत्य।
छद्म इसकी कल्पना, पाखण्ड इसका ज्ञान,
यह मनुष्य मनुष्यता का घरेतम अपमान।

'व्योम से पाताल तक सब कुछ इसे है ज्ञेय।'
पर न यह परिचय मनुज का, यह न उसका श्रेय।
श्रेय उसका बुद्धि पर चैतन्य उर की जीत;
श्रेय मानव की असीमित मानवों से प्रीत;

एक नर से दूसरे के बीच का व्यवधान
तोड़ दे जो, है वही ज्ञानी, वही विद्वान,
और मानव भी वही।

जो जीव बुद्धि-अधीर
तोड़ना अणु ही, न इस व्यवधान का प्राचीर;
वह नहीं मानव; मनुज से उच्च, लघु या भिन्न
चित्र-प्राणी है किसी अज्ञात ग्रह का छिन्न।
स्यात् मंगल या शनिश्चर लोग का अवदान,
अजनबी करता सदा अपने ग्रहों का ध्यान।

रसवती भू के मनुज का श्रेय,
यह नहीं विज्ञान, विद्या-बुद्धि यह आग्नेय;
विश्व-दाहक, मृत्यु-वाहक, सृष्टि का सन्ताप,
भ्रान्त पथ पर अन्ध बढ़ते ज्ञान का अभिशाप।
भ्रमित प्रज्ञा का कुतुक यह इन्द्रजाल विचित्र,
श्रेय मानव के न आविष्कार ये अपवित्र।

सावधान, मनुष्य! यदि विज्ञान है तलवार,
तो इसे दे फेंक, तज कर मोह, स्मृति के पार।
हो चुका है सिद्ध, है तू शिशु अभी नादान;
फूल-काँटों की तुझे कुछ भी नहीं पहचान।
खेल सकता तू नहीं ले हाथ में तलवार;
काट लेगा अंग, तीखी है बड़ी यह धार।

रसवती भू के मनुज का श्रेय,
यह नहीं विज्ञान कटु, आग्नेय।
श्रेय उसका प्राण में बहती प्रणय की वायु,
मानवों के हेतु अर्पित मानवों की आयु।
श्रेय उसका आसुँओं की धार,
श्रेय उसका भग्न वीणा की अधीर पुकार।
दिव्य भावों के जगत् में जागरण का गान,
मानवों का श्रेय आत्मा का किरण-अभियान।

यजन, अर्पण, आत्मसुख का त्याग,
श्रेय मानव का तपस्या कर दहकती आग।
बुद्धि-मन्थन से विनिर्गत श्रेय वह नवनीत,
जो करे नर के हृदय को स्निग्ध, सौम्य, पुनीत।
श्रेय वह विज्ञान का वरदान,
हो सुलभ सबको सहज जिसका रुचिर अवदान।
श्रेय वह नर-बुद्धि का शिवरूप आविष्कार,
ढो सके जिससे प्रकृति सबके सुखों का भार।
मनुज के श्रम के अपव्यय की प्रथा रुक जाए,
सुख-समृद्धि-विधान में नर के प्रकृति झुक जाए।

श्रेय होगा मनुज का समता-विधायक ज्ञान,
स्नेह-सिंचित न्याय पर नव विश्व का निर्माण।
एक नर में अन्य का निःशंक, दृढ़ विश्वास,
धर्मदीप्त मनुष्य का उज्ज्वल नया इतिहास-
समर, शोषण, ह्रास की विरुदावली से हीन,
पृष्ठ जिसका एक भी होगा सुधामय कोष,
छलकता होगा सभी नर का जहाँ सन्तोष।
युद्ध की ज्वर-भीति से हो मुक्त,
जब कि होगी, सत्य ही, वसुधा से युक्त।

श्रेय होगा सुष्ठु-विकसित मनुज का वह काल,
जब नहीं होगी धरा नर के रुधिर से लाल।
श्रेय होगा धर्म को आलोक वह निर्बन्ध,
मनुज जोड़ेगा मनुज से जब उचित सम्बन्ध।

(कुरुक्षेत्र)

कर्ण-कृष्ण-संवाद

वर्षों तक वन में घूम-घूम,
बाधा-विघ्नों को चूम-चूम,
सह धूप-घाम, पानी-पत्थर,
पाण्डव आये कुछ और निखर।
सौभग्य न सब दिन सोता है,
देखें, आगे क्या होता है?

मैत्री की राह बताने को,
सबको सुमार्ग पर लाने को,
दुर्योधन को समझाने को,
भीषण विध्वंस बचाने को,
भगवान हस्तिनापुर आये,
पाण्डव का सन्देशा लाये।

"दो न्याय अगर, तो आधा दो,
पर इसमें भी यदि बाधा हो,
तो दे दो केवल पाँच ग्राम,
रखो अपनी धरती तमाम।
हम वही खुशी से खायेंगे,
परिजन पर असि न उठायेंगे।"

"दुर्योधन वह भी दे न सका,
आशिष समाज की ले न सका,

उलटे, हरि को बाँधने चला,
जो था असाध्य, साधने चला।
जब नाश मनुज पर छाता है,
पहले विवेक मर जाता है

हरि ने भीषण हुङ्कार किया,
अपना स्वरूप-विस्तार किया,
डगमग-डगमग दिग्गज डोले,
भगवान कुपित होकर बोले–
ज़ंजीर बढ़ाकर साध मुझे,
हाँ-हाँ, दुर्योधन! बाँध मुझे!

''यह देख, गगन मुझमें लय है,
यह देख, पवन मुझमें लय है,
मुझमें विलीन झङ्कार सकल,
मुझमें लय है संसार सकल।
अमरत्व फूलता है मुझमें,
संहार झूलता है मुझमें।

''उदयाचल मेरा दीप्त भाल,
भूमण्डल वक्षस्थल विशाल,
भुज परिधि-बन्ध को घेरे हैं,
मैनाक-मेरु पग मेरे हैं।
दिपते जो ग्रह-नक्षत्र-निकर,
सब हैं मेरे मुख के अन्दर।

''दृग हों तो दृश्य अकाण्ड देख,
मुझमे सारा ब्रह्माण्ड देख,
चर-अचर जीव, जग क्षर-अक्षर,
नश्वर मनुष्य, सुरजाति अमर,

शत कोटि सूर्य, शत कोटि चन्द्र
शत कोटि सरित, सर, सिन्धु मन्द्र;

''शत कोटि विष्णु, ब्रह्मा, महेश,
शत कोटि जिष्णु, जलपति धनेश,
शत कोटि रुद्र, शत कोटि काल,
शत कोटि दण्डधर लोकपाल।
ज़ंजीर बढ़ाकर साध इन्हें,
हाँ-हाँ, दुर्योधन! बाँध इन्हें।

''भूलोक, अतल पाताल देख,
गत और अनागत काल देख,
यह देख, जगत् का आदि-सृजन,
यह देख, महाभारत का रण;
मृतकों से पटी हुई भू है,
पहचान, कहाँ इसमें तू है।

''अम्बर में कुन्तल-जाल देख,
पद के नीचे पाताल देख,
मुट्ठी में तीनों काल देख,
मेरा स्वरूप विकराल देख।
सब जन्म मुझी से पाते हैं,
फिर लौट मुझी में आते हैं।

''जिह्वा से कढ़ती ज्वाल सघन,
साँसों में पाता जन्म पवन,
पड़ जाती मेरी दृष्टि जिधर,
हँसने लगती है सृष्टि उधर।
मैं जभी मूँदता हूँ लोचन,
छा जाता चारों ओर मीण।

"बाँधने मुझे तो आया है,
ज़ंजीर बड़ी क्या लाया है?
यदि मुझे बाँधना चाहे मन,
पहले तो बाँध अनन्त गगन।
सूने को साध न सकता है,
वह मुझ बाँध कब सकता है?

"हित-वचन नहीं तूने माना,
मैत्री का मूल्य न पहचाना,
तो ले, मैं भी अब जाता हूँ,
अन्तिम संकल्प सुनाता हूँ।
याचना नहीं, अब रण होगा,
जीवन-जय या कि मरण होगा।

"टकरायेंगे नक्षत्र-निकर,
बरसेगी भू पर वह्नि प्रखर,
फण शेषनाग का डोलेगा,
विकराल काल मुँह खोलेगा।
दुर्योधन! रण ऐसा होगा,
फिर कभी नहीं जैसा होगा।

"भाई पर भाई टूटेंगे,
विष-बाण बूँद-से छूटेंगे,
वायस-शृगाल सुख लूटेंगे,
सौभाग्य मनुज के फूटेंगे।
आखिर तू भूशायी होगा,
हिंसा का पर, दायी होगा।"

थी सभा सन्न, सब लोग डरे,
चुप थे या थे बेहोश पड़े।
केवल दो नर न अघाते थे,
धृतराष्ट्र-विदुर सुख पाते थे।

कर जोड़ खड़े प्रमुदित, निर्भय,
दोनों पुकारते थे 'जय-जय!'

(2)

भगवान सभा को छोड़ चले,
करके रण-गर्जन घोर चले,
सामने कर्ण सकुचाया-सा
आ मिला चकित, भरमाया-सा।
हरि बड़े प्रेम से कर धरकर,
ले चढ़ उसे अपने रथ पर।

रथ चला, परस्पर बात चली,
शम-दम की टेढ़ी घात चली।
शीतल हो हरि ने कहा, हाय,
अब शेष नहीं कोई उपाय।
हो विवश हमें धनु धरना है,
क्षत्रिय-समूह को मरना है।

"मैंने कितना कुछ कहा नहीं?
विषव्यंय कहँ तक सहा नहीं?
पर दुर्योधन मतवाला है,
कुछ नहीं समझने वाला है।
चाहिए उसे बस रण केवल,
सारी धरती कि मरण केवल।

"हे वीर! तुम्हीं बोलो अकाम,
क्या वस्तु बड़ी थी पाँच ग्राम?
वह भी कौरव को भारी है,
मति गयी मूढ़ की मारी है।
दुर्योधन का बोधूँ कैसे?
इस रण को अवरोधूँ कैसे?

"सोचो, क्या दृश्य विकट होगा,
रण में जब काल प्रकट होगा?
बाहर शोणित की तप्त धार,
भीतर विधवाओं की पुकार।
निरशान, विषण्ण बिललायेंगे,
बच्चे अनाथ चिल्लायेंगे।

"चिन्ता है, मैं क्या और करूँ?
शान्ति को छिपा किस ओट धरूँ?
सब राह बन्द मेरे जाने,
हाँ, एक बात यदि तू माने,
तो शान्ति नहीं जल सकती है,
समराग्नि अभी टल सकती है।

"पा तुझे धन्य है दुर्योधन,
तू एकमात्र उसका जीवन।
तेरे बल की है आस उसे,
तुझसे जय का विश्वास उसे।
तू संग न उसका छोड़ेगा,
वह क्यों रण से मुख मोड़ेगा?

"क्या अघटनीय घटना कराल?
तू पृथा-कुक्षि का प्रथम लाल,
बन सूत अनादर सहता है,
कौरव के दल में रहता है,
शर-चाप उठाये आठ प्रहर,
पाण्डव से लड़ने को तत्पर।

माँ का स्नेह पाया न कभी,
सामने सत्य आया न कभी,
किस्मत के फेरे में पड़कर,
पा प्रेम बसा दुश्मन के घर।
निज बन्धु मानता है पर को,
कहता है शत्रु सहोदर को।

''पर, कौन दोष इसमें तेरा?
अब कहा मान इतना मेरा।
चल होकर संग अभी मेरे,
हैं जहाँ पाँच भ्राता तेरे।
बिछड़े भाई मिल जायेंगे,
हम मिलकर मोद मनायेंगे।

''कुन्ती का तू ही तनय ज्येष्ठ,
बल, बुद्धि, शील में परम श्रेष्ठ।
मस्तक पर मुकुट धरेंगे हम,
तेरा अभिषेक करेंगे हम।
आरती समोद उतारेंगे,
सब मिलकर पाँव पखारेंगे।

''पद-त्रास भीम पहनायेगा,
धर्माधिप चँवर डुलायेगा।
पहरे पर पार्थ प्रवर होंगे,
सहदेव-नकुल अनुचर होंगे।
भोजन उत्तरा बनायेगी,
पांचाली पान खिलायेगी।

''आहा! क्या दृश्य सुभग होगा!
आनन्द-चमत्कृत जग होगा।
सब लोग तुझे पहचानेंगे,
असली स्वरूप में जानेंगे।

खोयी मणि को जब पायेगी,
कुन्ती फूली न समायेगी।

"रण अनायास रुक जायेगा,
कुरुराज स्वयं झुक जायेगा।
संसार बड़े सुख में होगा,
कोई न कहीं दुख में होगा।
सब गीत खुशी के गायेंगे,
तेरा सौभाग्य मनायेंगे।

"कुरुराज्य समर्पण करता हूँ,
साम्राज्य समर्पण करता हूँ।
यश, मुकुट, मान, सिंहासन ले,
बस एक भीख मुझको दे दे।
कौरव को तज रण रोक सखे,
भू का हर भावी शोक सखे।"

सुन-सुनकर कर्ण अधीर हुआ,
क्षण एक तनिक गम्भीर हुआ;
फिर कहा, "बड़ी यह माया है,
जो कुछ आपने बताया है।
दिनमणि से सुनकर वही कथा,
मैं भोग चुका हूँ ग्लानि, व्यथा।

"जब ध्यान जन्म का धरता हूँ,
उन्मन यह सोचा करता हूँ,
कैसी होगी वह माँ कराल,
निज तन से जो शिशु का निकाल,
धाराओं में धर आती है,
अथवा जीवित दफनाती है?

"सेवती मास दस तक जिसको,
पालती उदर में रख जिसको,
जीवन का अंश खिलाती है,
अन्तर का रुधिर पिलाती है;
आती फिर उसको फेंक कहीं,
नागिन होगी, वह नारि नहीं।

"हे कृष्ण! आप चुप ही रहिये,
इस पर न अधिक कुछ भी कहिये,
सुनना न चाहते तनिक श्रवण,
जिस माँ ने मेरा किया जनन,
वह नहीं नारि कुलपाली थी,
सर्पिणी परम विकराली थी।

"पत्थर-समान उसका हिय था,
सुत से समाज बढ़कर प्रिय था,
गोदी में आग लगा करके,
मेरा कुल-वंश छिपा करके,
दुश्मन का उसने काम किया,
माताओं को बदनाम किया।

"माँ का पय भी न पिया मैंने,
उलटे, अभिशाप लिया मैंने।
वह तो यशस्विनी बनी रही,
सबकी भौं मुझ पर तनी रही।
कन्या वह रही अपरिणीता,
जो कुछ बीता, मुझ पर बीता।

"मैं जाति-गोत्र से हीन, दीन,
राजाओं के सम्मुख मलीन,
जब रोज अनादर पाता था,
कह 'शूद्र' पुकारा जाता था।
पत्थर की छाती फटी नहीं,
कुन्ती तब भी तो कटी नहीं।

"मैं सूत-वंश में पलता था,
अपमान-अनल में जलता था,
सब देख रही थी दृश्य पृथा,
माँ की ममता, पर हुई वृथा।
छिपकर भी तो सुधि ले न सकी,
छाया अंचल की दे न सकी।

"पा पाँच तनय फूली-फूली,
दिन-रात बड़े सुख में भूली,
कुन्ती गौरव में चूर रही,
मुझ पतित पुत्र से दूर रही।
क्या हुआ कि अब अकुलाती है?
किस कारण मुझे बुलाती है?

"क्या पाँच पुत्र हो जाने पर,
सुत के धन-धाम गँवाने पर,
या महानाश के छाने पर,
अथवा मन के घबराने पर।
नारियाँ सदय हो जाती हैं?
बिछुड़े को गले लगाती हैं?

"कुन्ती जिस भय से भरी रही,
तज मुझे, दूर हट खड़ी रही,

वह पाप अभी भी है मुझमें,
वह शाप अभी भी है मुझमें।
क्या हुआ कि वह डर जायेगा?
कुन्ती को काट न खायेगा?

''सहसा क्या हाल विचित्र हुआ?
मैं कैसे पुण्य-चरित्र हुआ?
कुन्ती का क्या चाहता हृदय?
मेरा सुख या पाण्डव की जय?
यह अभिनन्दन नूतन क्या है?
केशव! यह परिवर्तन क्या है?

''मैं हुआ धनुर्धर जब नामी,
सब लोग हुए हित के कामी;
पर ऐसा भी था एक समय,
जब यह समाज निष्ठुर, निर्दय,
किंचित् न स्नेह दर्शाता था,
विषव्यंग्य सदा बरसाता था।

''उस समय सुअंक लगा करके,
अंचल के तले छिपा करके,
चुम्बन से कौन मुझे भरकर,
ताड़ना-ताप लेती थी हर?
राधा को छोड़ भजूँ किसको?
जननी है वही, तजूँ किसको?

''हे कृष्ण! ज़रा यह भी सुनिये,
सच है कि झूठ, मन में गुनिये।
धूलों में था मैं पड़ा हुआ?
किसका स्नेह पा बड़ा हुआ?

किसने मुझको सम्मान दिया,
नृपता दे महिमावान किया?

“अपना विकास अवरुद्ध देख,
सारे समाज को क्रुद्ध देख,
भीतर जब टूट चुका था मन,
आ गया अचानक दुर्योधन।
निश्छल, पवित्र अनुराग लिये,
मेरा समस्त सौभाग्य लिये।

“कुन्ती ने केवल जन्म दिया,
राधा ने माँ का कर्म किया,
पर कहते जिसे असल जीवन,
देने आया वह दुर्योधन।
वह नहीं भिन्न माता से है,
बढ़कर सोदर भ्राता से है।

“राजा रंक से बना करके,
यश, मान, मुकुट पहना करके,
बाँहों पर मुझे उठा करके,
सामने जगत् के ला करके,
करतग क्या-क्या न किया उसने?
मुझको नव जन्म दिया उसने।

“है ऋणी कर्ण का रोम-रोम,
जानते सत्य यह सूर्य-सोम,
तन, मन, धन दुर्योधन का है,
यह जीवन दुर्योधन का है।
सुरपुर से भी मुख मोड़ूँगा,
केशव! मैं उसे न छोड़ूँगा।

''सच है, मेरी है आस उसे,
मुझ पर अटूट विश्वास उसे,
हाँ, सच है मेरे ही बल पर,
ठाना है उसने महासमर।
पर मैं कैसा पापी हूँगा,
दुर्योधन को धोखा दूँगा?

''रह साथ सदा खेला, खाया,
सौभाग्य-सुयश उससे पाया,
अब जब विपत्ति आने को है,
घनघोर प्रलय छाने को है,
तज उसे भाग यदि जाऊँगा,
कायर, कृतघ्न कहलाऊँगा।

''मैं भी कुन्ती का एक तनय,
किसको होगा इसका प्रत्यय?
संसार मुझे धिक्कारेगा,
मन में वह यही विचारेगा,
फिर गया, तुरत जब राज मिला,
यह कर्ण बड़ा पापी निकला।

''मैं ही न सहूँगा विषम डंक,
अर्जन को भी होगा कलंक,
सब लोग कहेंगे, डरकर ही,
अर्जुन ने अद्भुत नीति गही।
चल चाल कर्ण को फोड़ लिया,
सम्बन्ध अनोखा जोड़ लिया।

''कोई न कहीं भी चूकेगा,
सारा जग मुझ पर थूकेगा,

तप, त्याग, शील, जप, योग, दान,
मेरे होंगे मिट्टी-समान
लोभी-लालची कहाऊँगा,
किसको, क्या मुख दिखलाऊँगा?

"जो आप-आप कह रहे आर्य,
कुन्ती के मुख से कृपाचार्य
सुन वही, हुए लज्जित होते,
हम क्यों रण को सज्जित होते?
मिलता न कर्ण दुर्योधन को,
पाण्डव न कभी जाते वन को।

"लेकिन, नौका तट छोड़ चली,
कुछ पता नहीं, किस ओर चली।
यह बीच नदी की धारा है,
सूझता न कूल-किनारा है।
ले लील भले यह धार मुझे,
लौटना नहीं स्वीकार मुझे।

"धर्माधिकार का ज्येष्ठ बनूँ?
भारत में सबसे श्रेष्ठ बनूँ?
कुल की पोशाक पहन करके,
सिर उठा चलूँ कुछ तन करके?
इस झूठ-मूठ में रस क्या है?
केशव! यह सुयश-सुयश क्या है?

"सिर पर कुलीनता का टीका,
भीतर जीवन का रस फीका,
अपना न नाम जो ले सकते,
परिचय न तेज से दे सकते,
ऐसे भी कुछ नर होते हैं,
कुल को खाते औ' खोते हैं।

"विक्रमी पुरुष लेकिन, सिर पर
चलता न छत्र पुरखों का धर,
अपना बल-तेज जगाता है,
सम्मान जगत् से पाता है।
सब उसे देख ललचाते हैं,
कर विधि यत्न अपनाते हैं।

"कुल-गोत्र नहीं साधन मेरा,
पुरुषार्थ एक बस धन मेरा,
कुल ने तो मुझको फेंक दिया,
मैंने हिम्मत से काम लिया।
अब वंश चकित भरमाया है,
खुद मुझे खोजने आया है,

"लेकिन मैं लौट चलूँगा क्या?
अपने प्रण से विचलूँगा क्या?
रण में कुरुपति का विजय-वरण,
या पार्थ-हाथ कर्ण का मरण।
हे कृष्ण! यही मति मेरी है,
तीसरी नहीं गति मेरी है।

"मैत्री की बड़ी सुखद छाया,
शीतल हो जाती है काया,
धिक्कार-योग्य होगा नह नर,
जा पाकर भी ऐसा तरुवर,
हो अलग खड़ा कटवाता है,
खुद आप नहीं कट जाता है।

''जिस नर की बाँह गही मैंने,
जिस तरु की छाँह गही मैंने,
उस पर न वार चलने दूँगा,
कैसे कुठार चलने दूँगा?
जीते-जी उसे बचाऊँगा,
या आप स्वयं कट जाऊँगा।

''मित्रता बड़ा अनमोल रतन,
कब इसे तोल सकता है धन?
धरती की तो क्या बिसात?
आ जाय अगर वैकुण्ठ हाथ,
उसको भी न्योछावर कर दूँ,
कुरुपति के चरणों पर धर दूँ।

''सिर लिये स्कन्ध पर चलता हूँ,
उस दिन के लिए मचलता हूँ,
यदि चले वज्र दुर्योधन पर,
ले लूँ बढ़कर अपने ऊपर।
कटवा दूँ उसके लिए गला,
चाहिए मुझे क्या और भला?

''सम्राट बनेंगे धर्मराज,
या पायेगा कुरुराज ताज;
लड़ना भर मेरा काम रहा,
दुर्योधन का संग्राम रहा।
मुझको न कहीं कुछ पाना है,
केवल ऋण मात्र चुकाना है।

''कुरुराज्य चाहता मैं कब हूँ?
साम्राज्य चाहता मैं कब हूँ?
क्या नहीं आपने भी जाना?
मुझको न आज तक पहचाना?

जीवन का मूल समझता हूँ,
धन को मैं धूल समझता हूँ।

"धनराशि जोगाना लक्ष्य नहीं,
साम्राज्य भोगना लक्ष्य नहीं,
भुजबल से कर संसार-विजय,
अगणित समृद्धियों का संचय,
दे दिया मित्र दुर्योधन को,
तृष्णा छू भी न सकी मन को।

"वैभव-विलास की चाह नहीं,
अपनी कोई परवाह नहीं,
बस, यही चाहता हूँ केवल,
दान की देव-सरिता निर्मल
करतल से झरती रहे सदा,
निर्धन को भरती रहे सदा!

"तुच्छ है, राज्य क्या है केशव?
पाता नर क्या कर प्राप्त विभव?
चिन्ता प्रभूत, अत्यल्प हास,
कुछ चाकचिक्य, कुछ क्षण विलास।
पर, वह भी यहीं गँवना है,
कुछ साथ नहीं ले जाना है!

"मुझ-से मनुष्य जो होते हैं,
कंचन का भार न ढोते हैं।
पाते हैं धन बिखराने को,
लाते हैं रतन लुटाने को।
जग से न कभी कुछ लेते हैं,
दान ही हृदय का देते हैं।

"प्रासादों के कनकाभ शिखर,
होते कबूतरों के ही घर,
महलों में गरुड़ न होता है।
कंचन पर कभी न सोता है।
बसता वह कहीं पहाड़ों में,
शैलों की फटी दरारों में।

"होकर समृद्धि-सुख के अधीन,
मानव होता नित तपःक्षीण,
सत्ता, किरीट, मणिमय आसन,
करते मनुष्य का तेज-हरण।
नर विभव-हेतु ललचाता है,
पर वही मनुज को खाता है।

"चाँदनी, पुष्पछाया में पल,
नर भले बने सुमधुर, कोमल,
पर अमृत क्लेश का पिये बिना,
आतप, अन्धड़ में जिये बिना।
वह पुरुष नहीं कहला सकता,
विघ्नों को नहीं हिला सकता।

"उड़ते जो झंझावातों में,
पीते जो वारि प्रपातों में,
सारा आकाश अयन जिनका,
विषधर भुजंग भोजन जिनका,
वे ही फणिबन्ध छुड़ाते हैं,
धरती का हृदय जुड़ाते हैं।

"मैं गरुड़, कृष्ण! मैं पक्षिराज,
सिर-पर न चाहिए मुझे ताज।

दुर्योधन पर है विपद् घोर,
सकता न किसी विधि उसे छोड़।
रणखेत पाटना है मुझको,
अहिपाश काटना है मुझको।

''संग्राम-सिन्धु लहराता है,
सामने प्रलय घहराता है,
रह-रहकर भुजा फड़कती है,
बिजली-सी नसें कड़कती हैं।
चाहता तुरत मैं कूद पड़ूँ,
जीतूँ कि समर में डूब मरूँ।

''अब देर नहीं कीजै केशव!
अवसेर नहीं कीजै केशव।
धनु की डोरी तन जाने दें,
संग्राम तुरत ठन जाने दें।
ताण्डवी तेज लहरायेगा,
संसार ज्योति कुछ पायेगा।

''पर एक विनय है मधुसूदन!
मेरी यह जन्म-कथा गोपन
मत कभी युधिष्ठिर से कहिये,
जैसे हो, इसे दबा रहिये।
वे इसे जान यदि पायेंगे,
सिंहासन को ठुकरायेंगे।

''साम्राज्य न कभी स्वयं लेंगे,
सारी सम्पत्ति मुझे देंगे,
मैं भी न उसे रख पाऊँगा,
दुर्योधन को दे जाऊँगा।
पाण्डव वंचित रह जायेंगे,
दुख से न छूट वे पायेंगे।

"अच्छा, अब चला, प्रणाम आर्य!
हों सिद्ध समर के शीघ्र कार्य।
रण में ही अब दर्शन होगा,
शर से चरण-स्पर्शन होगा।
जय हो, दिनेश नभ में विहरें।
भूतन में दिव्य प्रकाश भरें।"

रथ से राधेय उतर आया,
हरि के मन में विस्मय छाया,
बोले कि "वीर! शत बार धन्य,
तुझ-सा न मित्र कोई अनन्य।
तू कुरुपति का ही नहीं प्राण,
नरता का है भूषण महान।"

(रश्मिरथी)

भारत का यह रेशमी नगर

हो गया एक नेता मैं भी? तो बन्धु, सुनो,
मैं भारत के रेशमी नगर में रहता हूँ,
जनता तो चट्टानों का बोझ सहा करती,
मैं चाँदनियों का बोझ किसी विध सहता हूँ।

दिल्ली फूलों में बसी, ओस-कण से भींगी,
दिल्ली सुहाग है, सुषमा है, रंगीनी है,
प्रेमिका-कंठ में पड़ी मालती की माला,
दिल्ली सपनों की सेज मधुर रस-भीनी है

बस, जिधर उठाओ दृष्टि, उधर रेशम केवल,
रेशम पर से क्षण-भर को आँख न हटती है,
सच कहा एक भाई ने, दिल्ली में तन से
रेशम से रुखड़ी चीज न कोई सटती है।

आखिर हो भी क्यों नहीं, कि दिल्ली के भीतर
जानें, युग से कितनी सिद्धियाँ समाई हैं!
औ' सबका पहुँचा काल तभी से जब उनकी
आँखें रेशम पर बहुत अधिक ललचाई हैं।

रेशम के कोमल तार, क्लान्तियों के धागे,
हैं बन्धे उन्हीं से अंग यहाँ आजादी के,
दिल्लीवाले गा रहे बैठ निश्चिन्त, मगन
रेशमी महल में गीत खुरदरी खादी के।

वेतनभोगिनी, विलासमयी यह देवपुरी,
ऊँघती कल्पनाओं से जिसका नाता है,
जिसको इतनी चिन्ता का भी अवकाश नहीं
खाते हैं जो, वह अन्न कौन उपजाता है।

उद्यानों का यह नगर, कहीं भी जा देखो,
इसमें कुम्हार का चाक न कोई चलता है,
मजदूर मिलें, पर मिलता कहीं किसान नहीं,
फूलते फूल, पर मक्का कहीं न फलता है।

क्या ताना है मोहक वितान मायापुर का!
बस, फूल-फूल, रेशम-रेशम फैलाया है;
लगता है, कोई स्वर्ग खमण्डल से उड़कर
मदिरा में माता हुआ भूमि पर आया है।

ये, जो फूलों के चीरों में चमचमा रहीं,
मधुमुखी इन्द्रजाया की सहचरियाँ होंगी,
ये, जो यौवन की धूम मचाए फिरती हैं,
भूतल पर भटकी हुइ इंद्रपरियाँ होंगी।

उभरे गुलाब से घट कर कोई फूल नहीं,
नीचे कोई सौन्दर्य न कसी जवानी से,
दिल्ली की सुषमाओं का कौन बखान करे?
कम नहीं कड़ी कोई भी स्वप्न-कहानी से।

गन्दगी, गरीबी, मैलेपन को दूर रखो,
शुद्धोदन के पहरे वाले चिल्लाते हैं;
है कपिलवस्तु पर फूलों का शृंगार पड़ा,
रथ-समारूढ़ सिद्धार्थ घूमने जाते हैं।

सिद्धार्थ देख रम्यता रोज ही फिर आते,
मन में कुत्सा का भाव नहीं, पर जगता है;
समझाए उनको कौन, नहीं भारत वैसा
दिल्ली के दर्पण में जैसा वह लगता है?

भारत धूलों से भरा, आँसुओं से गीला,
भारत अब भी आकुल विपत्ति के घेरे में।
दिल्ली में तो है खूब ज्योति की चहल-पहल,
पर भटक रहा है सारा देश अँधेरे में!

रेशमी कलम से भाग्य-लेख लिखने वालों,
तुम भी अभाव से कभी ग्रस्त हो रोए हो?
बीमार किसी बच्चे की दवा जुटाने में
तुम भी घर भर क्या पेट बाँधकर सोए हो?

असहाय किसानों की किस्मत को खेतों में
क्या अनायास जल में बह जाते देखा है?
'क्या खाएँगे?' यह सोच निराशा से पागल
बेचारों को नीरव रह जाते देखा है?

देखा है ग्रामों की अनेक रम्भाओं को,
जिनकी आभा पर धूल अभी तक छाई है?
रेशमी देह पर जिन अभागिनों की अब तक,
रेशम क्या? साड़ी सही नहीं चढ़ पाई है।

पर तुम नगरों के लाल, अमीरी के पुतले,
क्यों व्यथा भाग्यहीनों की मन में लाओगे?
जलता हो सारा देश, किन्तु होकर अधीर
तुम दौड़-दौड़कर क्यों यह आग बुझाओगे?

चिन्ता हो भी क्यों तुम्हें? गाँव के जलने से
दिल्ली में तो रोटियाँ नहीं कम होती हैं।
धुलता न अश्रु-बूँदों से आँखों का काजल
गालों पर की धूलियाँ नहीं नम होती है।

जलते हैं तो ये गाँव देश के जला करें,
आराम नई दिल्ली अपना कब छोड़ेगी?
या रक्खेगी मरघट में भी रेशमी महल,
या आँधी की खाकर चपेट सब छोड़गी।

चल रहे ग्राम-कुंजों में पछिया के झकोर,
दिल्ली, लेकिन ले रही लहर पुरवाई में।
है विकल देश सारा अभाव के तापों से;
दिल्ली सुख से सोई है नरम रजाई में।

क्या कुटिल व्यंग! दीनता वेदना से अधीर
आशा से जिनका नाम रात-दिन जपती है,
दिल्ली के वे देवता रोज कहते जाते,
'कुछ और धरो धीरज, किस्मत अब छपती है।'

किस्मतें रोज छप रहीं, मगर जलधार कहाँ?
प्यासी हरियाली सूख रही है खेतों में;
निर्धन का धन पी रहे लोभ के प्रेत छिपे,
पानी विलीन होता जाता है रेतों में।

हिल रहा देश कुत्सा के जिन आघातों से,
वे नाद तुम्हें ही नहीं सुनाई पड़ते हैं?
निर्माणों के प्रहरियो! तुम्हें ही चोरों के
काले चेहरे क्या नहीं दिखाई पड़ते हैं?

तो होश करो, दिल्ली के देवो, होश करो,
सब दिन तो यह मोहिनी न चलने वाली है;
होती जाती हैं गर्म दिशाओं की साँसें,
मिट्टी फिर कोई आग उगलने वाली है!

हो रहीं खड़ी सेनाएँ फिर काली-काली
मेघों-से उभरे हुए नये गजराजों की,

नील कुसुम

“है यहाँ तिमिर, आगे भी ऐसा ही तम है,
तुम नील कुसुम के लिए कहाँ तक जाओगे?
जो गया, आज तक नहीं कभी वह लौट सका,
नादान मर्द! क्यों अपनी जान गँवाओगे?

प्रेमिका! अरे, उन शोख़ बुतों का क्या कहना!
वे तो यों ही उन्माद जगाया करती हैं;
पुतली से लेती बाँध प्राण की डोर प्रथम,
पीछे चुम्बन पर क़ैद लगाया करती हैं।

इनमें से किसने कहा, चाँद से कम लूँगी?
पर चाँद तोड़कर कौन मही पर लाया है?
किसके मन की कल्पना गोद में बैठ सकी?
किसका जहाज़ फिर देश लौटकर आया है?”

ओ नीतिकार! तुम झूठ नहीं कहते होगे,
बेकार, मगर पगलों को ज्ञान सिखाना है;
मरने का होगा ख़ौफ़, मौत की छाती में
जिसको अपनी ज़िन्दगी ढूँढ़ने जाना है?

औ’ सुना कहाँ तुमने कि ज़िन्दगी कहते हैं,
सपनों ने देखा जिसे, उसे पा जाने को?
इच्छाओं की मूर्तियाँ घूमतीं जो मल में,
उनको उतार मिट्टी पर गले लगाने को

ज़िन्दगी, आह! वह एक झलक रंगीनी की,
नंगी उँगली जिसको न कभी छू पाती है,
हम जभी हाँफते हुए चोटियों पर चढ़ते,
वह खोल पंख चोटियाँ छोड़ उड़ जाती है।

रंगीनी की वह एक झलक, जिसके पीछे
है मची हुई आपा-धापी मस्तानों में,
वह एक दीप जिसके पीछे हैं डूब रहीं
दीवानों की किश्तियाँ कठिन तूफ़ानों में।

डूबती हुई किश्तियाँ! और यह किलकारी!
ओ नीतिकार! क्या मौत इसी को कहते हैं?
है यही ख़ौफ़, जिससे डरकर जीने वाले
पानी से अपना पाँव समेटे रहते हैं?

ज़िन्दगी गोद में उठा-उठा हलराती है
आशाओं की भीषिका झेलने वालों को;
ओ' बड़े शौक़ से मौत पिलाती है जीवन
अपनी छाती से लिपट खेलने वालों को।

तुम लाशें गिनते रहे खोजने वालों की,
लेकिन, उनकी असलियत नहीं पहचान सके;
मुरदों में केवल यही ज़िन्दगी वाले थे।
जो फूल उतारे बिना लौटकर आ न सके।

हो जहाँ कहीं भी नील कुसुम की फुलवारी,
मैं एक फूल तो किसी तरह ले जाऊँगा,
जूड़े में जब तक भेंट नहीं यह बाँध सकूँ,
किस तरह प्राण की मणि को गले लगाऊँगा?

(नील कुसुम, 1950)

चाँद और कवि

रात यों कहने लगा मुझसे गगन का चाँद,
''आदमी भी क्या अनोखा जीव होता है!
उलझनें अपनी बनाकर आप ही फँसता,
और फिर बेचैन हो जगता न सोता है।

जानता है तू कि मैं कितना पुराना हूँ?
मैं चुका हूँ देख मनु को जनमते-मरते;
और लाखों बार तुझ-से पागलों को भी
चाँदनी में बैठ स्वप्नों पर सही करते।

आदमी का स्वप्न? है वह बुलबुला जल का,
आज बनता और कल फिर फूट जाता है;
किन्तु तो भी धन्य; ठहरा आदमी ही तो!
बुलबुलों से खेलता, कविता बनाता है।''

मैं न बोला, किन्तु मेरी रागिनी बोली
''चाँद! फिर से देख मुझको जानता है तू?
स्वप्न मेरे बुलबुले हैं? है यही पानी?
आग को भी क्या नहीं पहचानता है तू?

मैं न वह, जो स्वप्न पर केवल सही करते,
आग में उसको गला लोहा बनाती हूँ;
और उस पर नींव रखती हूँ नये घर की,
इस तरह दीवार फ़ौलादी उठाती हूँ।

मनु नहीं, मनु-पुत्र है यह सामने, जिसकी
कल्पना की जीभ में भी धार होती है;
बाण ही होते विचारों के नहीं केवल,
स्वप्न के भी हाथ में तलवार होती है।

स्वर्ग के सम्राट को जाकर ख़बर कर दे,
"रोज़ ही आकाश चढ़ते जा रहे हैं ये;
रोकिये, जैसे बने, इन स्वप्न वालों को,
स्वर्ग की ही ओर बढ़ते आ रहे हैं ये।"

(नील कुसुम, 1946)

व्याल-विजय

झूमे जहर चरण के नीचे, मैं उमंग में गाऊँ,
तान-तान फण व्याल, कि तुझ पर मैं बाँसुरी बजाऊँ।

(1)

यह बाँसुरी बजी माया के मुकुलित आकुंचन में,
यह बाँसुरी बजी अविनाशी के संवेश गहन में;
अस्तित्वों के अनस्तित्व में, महाशान्ति के तल में,
यह बाँसुरी बजी शून्यासन की समाधि निश्चल में।
कम्पहीन तेरे समुद्र में जीवन-लहर उठाऊँ,
तान-तान फण व्याल, कि तुझ पर मैं बाँसुरी बजाऊँ।

(2)

अक्षय-वट पर बजी बाँसुरी, गगन मगन लहराया,
दल पर विधि को लिये जलधि में नाभि-कमल उग आया।
जनमी नव चेतना, सिहरने लगे तत्व चलदल-से,
स्वर का ले अवलम्ब भूमि निकली प्लावन के जल से।
अपने आर्द्र वसन की वसुधा को फिर याद दिलाऊँ,
तान-तान फण व्याल, कि तुझ पर मैं बाँसुरी बजाऊँ।

(3)

फूली सृष्टि नाद-बन्धन पर, अब तक फूल रही है,
बंसी के स्वर के धागे में, धरती झूल रही है।
आदि छोर पर जो स्वर फूँका, पहुँचा अन्त तलक है,

तार-तार में गूँज गीत की, कण-कण बीच झलक है।
आलापों पर उठा जगत को भर-भर पेंग झुलाऊँ,
तान-तान फण व्याल, कि तुझ पर मैं बाँसुरी बजाऊँ।

(4)

जगमग ओस-विन्दु गुँथ जाते साँसों के तारों में,
गीत बदल जाते अनजाने मोती के हारों में।
जब-जब उठता नाद, मेघ मण्डलाकार घिरते हैं,
आस-पास बंसी के गीले इन्द्रधनुष तिरते हैं।
बाँधूँ मेघ कहाँ बंसी पर? सुरधनु कहाँ सजाऊँ?
तान-तान फण व्याल, कि तुझ पर मैं बाँसुरी बजाऊँ।

(5)

इस बंसी के मधुर नाद पर माया डोल चुकी है,
पटावरण कर दूर भेद अन्तर का खोल चुकी है।
झूम चुकी है प्रकृति चाँदनी में मादक गानों पर,
नचा चुका हूँ महानर्तकी की इसकी तानों पर।
विषवर्षी पर, अमृतवर्षिणी का जादू दिखलाऊँ,
तान-तान फण व्याल, कि तुझ पर मैं बाँसुरी बजाऊँ।

(6)

उड़े नाद के जो कण ऊपर, वे बन गये सितारे,
जो नीचे रह गये, कहीं हैं फूल, कहीं अंगारे।
भींगे अधर कभी बंसी के शीतल गंगाजल से,
कभी प्राण तक झुलस उठे हैं इसके हालाहल से।
शीतलता पीकर प्रदाह से कैसे हृदय चुराऊँ?
तान-तान फण व्याल, कि तुझ पर मैं बाँसुरी बजाऊँ।

(7)

यह बाँसुरी बजी, मधु के सोते फूटे मधुवन में,
यह बाँसुरी बजी, हरियाली दौड़ गयी काननू में।

यह बाँसुरी बजी, प्रत्यागत हुए विहंग गगन से,
यह बाँसुरी बजी, सटकर विधु चलने लगा भुवन से।
अमृत-सरोवर में धो-धो तेरा भी ज़हर बहाऊँ,
तान-तान फण व्याल, कि तुझ पर मैं बाँसुरी बजाऊँ।

(8)

यह बाँसुरी बजी पनघट पर कालिन्दी के तट में,
यह बाँसुरी बजी मुरदों के आसन पर मरघट में।
बजी निशा के बीच आलुलायित केशों के तम में,
बजी सूर्य के साथ यही बाँसुरी रक्त-कर्दम में।
कालियदह में मिले हुए विष को पीयूष बनाऊँ,
तान-तान फण व्याल, कि तुझ पर मैं बाँसुरी बजाऊँ।

(9)

फूँक-फूँक विष-लपट, उगल जितना हो जहर हृदय में,
यह बंसी निर्गरल, बजेगी सदा क्षान्ति की लय में।
पहचाने किस तरह भला तू निज विष का मतवाला?
मैं हूँ साँपों की पीठों पर कुसुम लादने वाला।
विषदह से चल निकल, फूल से तेरा अंग सजाऊँ।
तान-तान फण व्याल, कि तुझ पर मैं बाँसुरी बजाऊँ।

(10)

ओ शंका के व्याल! देख मत मेरे श्याम वदन को,
चक्षुःश्रवा! श्रवण कर बंसी के भीतर के स्वन को।
जिसने दिया तुझे विष, उसने मुझको गान दिया है,
ईर्ष्या तुझे, उसी ने मुझको भी अभिमान दिया है।
इस आशिष के लिए भाग्य पर क्यों न अधिक इतराऊँ?
तान-तान फण व्याल, कि तुझ पर मैं बाँसुरी बजाऊँ।

(11)

विषधारी! मत डोल कि मेरा आसन बहुत कड़ा है,
कृष्ण आज लघुता में भी साँपों से बहुत बड़ा है।
आया हूँ बाँसुरी-बीज उद्धार लिये जनगण का,
फण पर तेरे खड़ा हुआ हूँ भार लिये त्रिभुवन का।
बढ़ा-बढ़ा नासिका, रन्ध्र में मुक्ति-सूत्र पहनाऊँ,
तान-तान फण व्याल, कि तुझ पर मैं बाँसुरी बजाऊँ।

(नील कुसुम, 1949)

कवि की मृत्यु

जब गीतकार मर गया, चाँद रोने आया,
चाँदनी मचलने लगी कफन बन जाने को।
मलयानिल ने शव को कन्धों पर उठा लिया,
वन ने भेजे चन्दन-श्रीखण्ड जलाने को।

सूरज बोला, यह बड़ी रोशनी वाला था,
मैं भी न जिसे भर सका कभी उजियाली से;
रंग दिया आदमी के भीतर की दुनिया को
इस गायक ने अपने गीतों की लाली से।

बोला बूढ़ा आकाश, ध्यान जब यह धरता,
मुझमें यौवन का नया वेग जग जाता था।
इसके चिन्तन में डुबकी एक लगाते ही,
तन कौन कहे, मन भी मेरा रंग जाता था।

देवों ने कहा, बड़ा सुख था इसके मन की
गहराई में डूबने और उतराने में।
माया बोली, मैं कई बार थी भूल गयी।
अपने को गोपन भेद इसे बतलाने में।

योगी था, बोला सत्य, भागता मैं फिरता,
यह जाल बढ़ाये हुए दौड़ता चलता था।
जब-जब लेता यह पकड़ और हँसने लगता,
धोखा देकर मैं अपना रूप बदलता था।

मर्दों को आयीं याद बाँकपन की बातें,
बोले, जो हो, आदमी बड़ा अलबेला था।
जिसके आगे तूफान अदब से झुकते हैं,
उसको भी इसने अहंकार से झेला था।

नारियाँ बिलखने लगीं बाँसुरी के भीतर
जादू था, कोई अदा बड़ी मतवाली थी,
गर्जन में भी थी नमी, आग से भरे हुए
गीतों में भी कुछ चीज रुलाने वाली थी।

वे बड़ी-बड़ी आँखें आँसू से भरी हुईं,
पानी में जैसे कमल डूब उतराता हो।
वह मस्ती में झूमते हुए उसका आना,
मानो अपना ही तनय झूमता आता हो।

चिन्तन में डूबा हुआ, सरल, भोला-भाला
बालक था, कोई पुरुष दिव्य अवतारी था।
तुम तो कहते हो मर्द, मगर मन के भीतर
यह कलावन्त हमसे भी बढ़कर नारी था।

चुपचाप जिन्दगी भर इसने जो जुल्म सहे,
उतना नारी भी कहाँ मौन हो सहती है?
आँखों के आँसू मन के भेद जता जाते,
कुछ सोच-समझ जिह्वा चाहे चुप रहती है।

पर इसे नहीं रोने का भी अवकाश मिला,
सारा जीवन कट गया आग सुलगाने में।
आखिर, वह भी सो गया जिन्दगी ने जिसको,
था लगा रखा सोतों को छेड़ जगाने में।

बेबसी बड़ी उन बेचारों की क्या कहिये!
चुपचाप जिन्हें जीवन भर जलना होता है।
ऊपर-नीचे द्वेषों के कुन्त तने होते,
बचकर उनको बेदाग निकलना होता है।

जाओ कवि, जाओ, मिला तुम्हें जो कुछ हमसे,
दानी को उसके सिवा नहीं कुछ मिलता है।
चुन-चुनकर हम तोड़ते वही टहनी केवल
जिस पर कोई अपरूप कुसुम आ खिलता है।

विष के प्याले का मोल और क्या हो सकता?
प्रेमी तो केवल मधुर प्रीत ही देता है।
कवि को चाहे संसार भेंट दे जो, लेकिन
बदले में वह निष्कपट गीत ही देता है।

आवरण गिरा, जगती की सीमा शेष हुई,
अब पहुँच नहीं तुम तक इन हाहाकारों की।
नीचे की महफिल उजड़ गयी, ऊपर कल से
कुछ और चमक उट्ठेगी सभा सितारों की

(नील कुसुम, 1952)

जनतन्त्र का जन्म

(26 जनवरी, 1950 ई.)

सदियों की ठण्डी-बुझी राख सुगबुगा उठी,
मिट्टी सोने का ताज पहन इठलाती है;
दो राह, समय के रथ का घर्घर-नाद सुनो,
सिंहासन खाली करो कि जनता आती है।

जनता? हाँ, मिट्टी की अबोध मूरतें वही,
जाड़े-पाले की कसक सदा सहने वाली,
जब अंग-अंग में लगे साँप हों चूस रहे,
तब भी न कभी मुँह खोल दर्द कहने वाली।

जनता? हाँ, लम्बी-बड़ी जीभ की वही कसम,
"जनता, सचमुच ही, बड़ी वेदना सहती है।"
"सो ठीक, मगर आखिर, इस पर जनमत क्या है?"
"है प्रश्न गूढ़; जनता इस पर क्या कहती है?"

मानो जनता हो फूल जिसे एहसास नहीं,
जब चाहो, तभी उतार सजा लो दोनों में,
अथवा कोई दुधमुँही जिसे बहलाने के
जन्तर-मन्तर सीमित हों चार खिलौनों में।

लेकिन होता भूडोल, बवंडर उठते हैं,
जनता जब कोपाकुल हो भृकुटि चढ़ाती है;

दो राह, समय के रथ का घर्घर-नाद सुनो,
सिंहासन खाली करो कि जनता आती है।

हुंकारों से महलों की नींव उखड़ जाती,
साँसों के बल से ताज हवा में उड़ता है;
जनता की रोके राह, समय में ताव कहाँ?
वह जिधर चाहती, काल उधर ही मुड़ता है।

अब्दों, शताब्दियों, सहस्राब्द का अन्धकार
बीता; गवाक्ष अम्बर के दहके जाते हैं;
यह और नहीं कोई, जनता के स्वप्न अजय
चीरते तिमिर का वक्ष उमड़ते आते हैं।

सबसे विराट जनतन्त्र जगत का आ पहुँचा,
तैंतीस कोटि-हित सिंहासन तैयार करो;
अभिषेक आज राजा का नहीं, प्रजा का है,
तैंतीस कोटि जनता के सिर पर मुकुट धरो।

आरती लिए तू किसे ढूँढ़ता है मूरख,
मन्दिरों, राजप्रासादों में, तहखानों में?
देवता कहीं सड़कों पर गिट्टी तोड़ रहे,
देवता मिलेंगे खेतों में, खलिहानों में।

फावड़े और हल राजदण्ड बनने को हैं,
धूसरता सोने से शृंगार सजाती है;
दो राह, समय के रथ का घर्घर-नाद सुनो,
सिंहासन खाली करो कि जनता आती है।

(नीलकुसुम, 1950)

लोहे के पेड़ हरे होंगे

लोहे के पेड़ हरे होंगे, तू गान प्रेम का गाता चल,
नम होगी यह मिट्टी जरूर, आँसू के कण बरसाता चल।

सिसकियों और चीत्कारों से जितना भी हो आकाश भरा,
कंकालों का हो ढेर, खप्परों से चाहे हो पटी धरा।
आशा के स्वर का भार पवन को, लेकिन लेना ही होगा।
जीवित सपनों के लिए मार्ग मुर्दों को देना ही होगा।
रंगों के सातों घट उँड़ेल, यह अँधियाली रंग जायेगी,
ऊषा को सत्य बनाने को जावक नभ पर छितराता चल।

आदर्शों से आदर्श भिड़े, प्रज्ञा प्रज्ञा पर टूट रही,
प्रतिमा प्रतिमा से लड़ती है, धरती की किस्मत फूट रही।
आवर्त्तों का है विषम जाल, निरुपाय बुद्धि चकराती है,
विज्ञान-यान पर चढ़ी हुई सभ्यता डूबने जाती है।
जब-जब मस्तिष्क जयी होता, संसार ज्ञान से जलता है,
शीतलता की है राह हृदय, तू यह संवाद सुनाता चल।

सूरज है जग का बुझा-बुझा, चन्द्रमा मलिन-सा लगता है,
सबकी कोशिश बेकार हुई, आलोक न इनका जगता है।
इन मलिन ग्रहों के प्राणों में कोई नवीन आभा भर दे,
जादूगर! अपने दर्पण पर घिसकर इनको ताजा कर दे।
दीपक के जलते प्राण, दिवाली तभी सुहावर होती है,
शैशनी जगत को देने को अपनी अस्थियाँ जलाता चल।

क्या उन्हें देख विस्मित होना, जो हैं अलमस्त बहारों में,
फूलों को जो हैं गूँथ रहे सोने-चाँदी के तारों में।
मानवता का तू विप्र! गन्ध-छाया का आदि पुजारी है,
वेदना-पुत्र! तू तो केवल जलने भर का अधिकारी है।
ले बड़ी खुशी से उठा, सरोवर में जो हँसता चाँद मिले,
दर्पण में रचकर फूल, मगर उसका भी मोल चुकाता चल।

काया की कितनी धूम-धाम? दो रोज चमक बुझ जाती है;
छाया पीती पीयूष, मृत्यु को ऊपर ध्वजा उड़ाती है।
लेने दे जग को उसे, ताल पर जो कलहंस मचलाता है,
तेरा मराल जल के दर्पण में नीचे-नीचे चलता है।
कनकाभ धूल झर जायेगी, ये रंग कभी उड़ जायेंगे,
सौरभ है केवल सार, उसे तू सबके लिए जुगाता चल।

क्या अपनी उनसे होड़, अमरता की जिनको पहचान नहीं,
छाया से परिचय नहीं, गन्ध के जग का जिनको ज्ञान नहीं?
जो चातुर चाँद का रस निचोड़ प्यालों में ढाला करते हैं।
भट्ठियाँ चढ़ाकर फूलों से जो इत्र निकाला करते हैं।
ये भी जागेंगे कभी, मगर आधी मनुष्यता वालों पर,
जैसे मुसकाता आया है, वैसे अब भी मुसकाता चल।

सभ्यता-अंग पर क्षत कराल, यह अर्ध मानवों का बल है,
हम रोकर भरते उसे, हमारी आँखों में गंगाजल है
शूली पर चढ़ा मसीहा को वे फूले नहीं समाते हैं,
हम शव को जीवित करने को छायापुर में ले जाते हैं।
भींगी चाँदनियों में जीता, जो कठिन धूप में मरता है,
उजियाली से पीड़ित नर के मन में गोधूलि बसाता चल।

यह देख नई लीला उनकी, फिर उनसे बड़ा कमाल किया,
गाँधी के लोहू से सारे भारत-सागर को लाल किया।

जी उठे राम, जी उठे कृष्ण, भारत की मिट्टी रोती है,
क्या हुआ कि प्यारे गाँधी की यह लाश न जिन्दा होती है?
तलवार मारती जिन्हें, बाँसुरी उन्हें नया जीवन देती,
जीवन-शक्ति के अभिमानी! यह भी कमाल दिखलाता चल।

धरती के भाग हरे होंगे, भारती अमृत बरसाएगी,
दिन की कराल दाहकता पर चाँदनी सुशीतल छायेगी।
ज्वालामुखियों के कंठों में कलकंठी का आसन होगा,
जलदों से लदा गगन होगा, फूलों में भरा भुवन होगा।
बेजान, यन्त्र-विचरित, गूँगी मूर्तियाँ एक दिन बोलेंगी,
मुँह खोल-खोल सबके भीतर शिल्पी! तू जीभ बिठाता चल।

(धूप और धुआँ, 1951)

झील

मत छुओ इस झील को।
कंकड़ी मारो नहीं,
पत्तियाँ डारो नहीं,
फूल मत बोरो।
और कागज की तरी इसमें नहीं छोड़ो।

खेल में तुमको पुलक-उन्मेष होता है,
लहर बनने में सलिल को क्लेश होता है।

(सीपी और शंख)

वातायन

मैं झरोखा हूँ
कि जिसकी टेक लेकर
विश्व की हर चीज बाहर झाँकती है।

पर, नहीं मुझ पर,
झुका है विश्व तो उस जिन्दगी पर
जो मुझे छूकर सरकती जा रही है।

जो घटित होता है, यहाँ से दूर है।
जो घटित होता है, यहाँ से पास है।
कौन है अज्ञात? किसको जानता हूँ?

और की क्या बात?
कवि तो आप अपना भी नहीं है।

(सीपी और शंख)

नाम

तुम कहाँ से आ रहे हो?
नाम क्या है?
वह पुकारू शब्द मत मुझको बताओ,
जो तुम्हारा आवरण है।

पर, कहो वह नाम
जिसको फूल औ' नक्षत्र, ये कहते नहीं हैं।
नाम जो असहाय मर जाता उसी दिन,
जिस दिवस हम भूमितल पर जन्म लेते हैं।

तुम जवानी हो?
कि शैशव आप अपना पाठ फिर दुहरा रहा है?
जिन्दगी हो?
या सुनहला रूप धरकर मृत्यु विचरण कर रही है?

(सीपी और शंख)

कवि और प्रेमी

प्राप्त है इनका सखे! कुछ ज्ञान भी, अज्ञान भी।
वायु हैं ये,
विश्व के मन को बहाकर
सत्य-सुषमा की दिशा की ओर करते हैं।
मानवों में देवता जो सो रहे, उनको जगाते हैं।
रात्रि के ये क्रोध हैं,
हुंकार भरते हैं तिमिर में
और हाहाकार करके भोर करते हैं।

आँख के हैं अश्रु कोई भी न जिनको जानता है।
सिन्धु-तट की वह मधुरता हैं
न जो मिटती कभी है।

बालुका पर मनुज के पद-चिह्न जो पड़ते,
ये जुगा उनको भविष्यत के लिए धरते।

(सीपी और शंख)

पुरूरवा की उक्ति

कौन है अंकुश, इसे मैं भी नहीं पहचानता हूँ।
पर सरोवर के किनारे कंठ में जो जल रही है,
उस तृषा, उस वेदना को जानता हूँ।

आग है कोई, नहीं जो शान्त होती;
और खुलकर खेलने से भी निरन्तर भागती है।

रूप का रसमय निमन्त्रण
या कि मेरे ही रुधिर की वह्नि
मुझको शान्ति से जीने न देती।
हर घड़ी कहती, उठो,
इस चन्द्रमा को हाथ से धरकर निचोड़ो,
पान कर लो यह सुधा, मैं शान्त हूँगी,
अब नहीं आगे कभी उद्भ्रान्त हूँगी।

किन्तु, रस के पात्र पर ज्यों ही लगाता हूँ अधर को,
घूँट या दो घूँट पीते ही
न जाने, किस अतल से नाद यह आता,
"अभी तक भी न समझा?
दृष्टि का जो पेय है, वह रक्त का भोजन नहीं है।
रूप की आराधना का मार्ग आलिंगन नहीं है।"

टूट गिरती है उमंगें,
बाहुओं का पाश हो जाता शिथिल है।

अप्रतिभ मैं फिर उसी दुर्गम जलधि में डूब जाता,
फिर वही उद्विग्न चिन्तन,
फिर वही पृच्छा चिरन्तन,
''रूप की आराधना का मार्ग
आलिंगन नहीं तो और क्या है?
स्नेह का सौन्दर्य को उपहार
रस-चुम्बन नहीं तो और क्या है?''

रक्त की उत्तम लहरों की परिधि के पार
कोई सत्य हो तो,
चाहता हूँ, भेद उसका जान लूँ।
पथ हो सौन्दर्य की आराधना का व्योम में यदि
शून्य की उस रेख की पहचान लूँ।

पर जहाँ तक भी उड़ूँ, इस प्रश्न का उत्तर नहीं है।
मृत्ति महदाकाश में ठहरे कहाँ पर? शून्य है सब।
और नीचे भी नहीं सन्तोष,
मिट्टी के हृदय से
दूर होता ही कभी अम्बर नहीं है।

इस व्यथा को झेलता
आकाश की निस्सीमता में
घूमता फिरता विकल, विभ्रान्त
पर कुछ भी न पाता।
प्रश्न को कढ़ता,
गगन की शून्यता में गूँजकर सब ओर
मेरे ही श्रवण में लौट आता।

और इतने में मही का गान फिर देता सुनाई,
''हम वही जग हैं, जहाँ पर फूल खिलते हैं।
दूब है शय्या हमारे देवता की,

पुष्प के वे कुंज मन्दिर हैं,
जहाँ शीतल, हरित, एकान्त मण्डप में प्रकृति के
कंटकित युवती-युवक स्वच्छन्द मिलते हैं।''

''इन कपोलों की ललाई देखते हो?
और अधरों की हँसी यह कुन्द-सी, जूही-कली-सी?
गौर चम्पक-यष्टि-सी यह देह श्लथ पुष्पाभरण से,
स्वर्ण की प्रतिमा कला के स्वप्न-साँचे में ढली-सी?''

''यह तुम्हारी कल्पना है, प्यार कर लो।
रूपसी नारी प्रकृति का चित्र है सबसे मनोहर।
ओ गगनचारी! यहाँ मधुमास छाया है।
भूमि पर उतरो,
कमल, कर्पूर, कुंकुम से, कुटज से
इस अतुल सौन्दर्य का श्रृंगार कर लो।''

गीत आता है मही से?
या कि मेरे ही रुधिर का राग
यह उठता गगन में?
बुलबुलों-सी फूटने लगतीं मधुर स्मृतियाँ हृदय में;
याद आता है मदिर उल्लास में फूला हुआ वन;
याद आते हैं तरंगित अंग के रोमांच, कम्पन;
स्वर्णवर्णा वल्लरी में फूल-से खिलते हुए मुख,
याद आता है निशा के ज्वार में उन्माद का सुख।
कामनाएँ प्राण को हिलकोरती हैं।
चुम्बनों के चिह्न जग पड़ते त्वचा में।

फिर किसी का स्पर्श पाने को तृषा चीत्कार करती।

मैं न रुक पाता कहीं,
फिर लौट आता हूँ पिपासित

शून्य से साकार सुषमा के भुवन में,
शुद्ध से भागे हुए उस वेदना-विह्वल युवक-सा

जो कहीं रुकता नहीं,
बेचैन जा गिरता अकुंठित
तीर-सा सीधे प्रिया की गोद में।

चूमता हूँ दूब को, जल को, प्रसूनों, पल्लवों को,
वल्लरी की बाँह भर उर से लगाता हूँ;
बालकों-सा मैं तुम्हारे वक्ष में मुँह को छिपाकर
नींद की निस्तब्धता में डूब जाता हूँ।

नींद जल का स्रोत है, छाया सघन है,
नींद श्यामल मेघ है, शीतल पवन है।

किन्तु, जगकर देखता हूँ,
कामनाएँ वर्त्तिका-सी बल रही हैं,
जिस तरह पहले पिपासा से विकल थीं,
प्यास से आकुल अभी भी जल रही हैं।

रात भर मानो उन्हें दीपक-सदृश जलना पड़ा हो,
नींद में मानो किसी मरुदेश में चलना पड़ा हो।

फिर क्षुधित कोई अतिथि आवाज़ देता,
फिर अधर-पुट खोजने लगते अधर को,
कामना छूकर त्वचा को फिर जगाती है,
रेंगने लगते सहस्रों साँप सोने के रुधिर में,
चेतना रस की लहर में डूब जाती है।

और तब सहसा
न जानें, ध्यान खो जाता कहाँ पर।
सत्य ही, रहता नहीं यह ज्ञान,

तुम कविता, कुसुम या कामिनी हो।
आरती की ज्योति को भुज में समेटे
मैं तुम्हारी ओर अपलक देखता एकान्त मन से
रूप के उद्गम अगम का भेद गुनता हूँ।
साँस में सौरभ, तुम्हारे वर्ण में गायन भरा है,
सींचता हूँ प्राण को इस गन्ध की भीनी लहर से,
और अंगों की विभा की वीचियों से एक होकर
मैं तुम्हारे रंग का संगीत सुनता हूँ।

और फिर यह सोचने लगता, कहाँ, किस लोक में हूँ?
कौन है यह वन सघन हरियालियों का,
झूमते फूलों, लचकती डालियों को?
कौन है यह देश जिसकी स्वामिनी मुझको निरन्तर
वारुणी की धार से नहला रही है?
कौन है यह जग, समेटे अंक में ज्वालामुखी को
चाँदनी चुमकार कर बदला रही है?

कौमुदी के इस सुनहरे जाल का बल तोलता हूँ,
एक पल उड्डीन होने के लिए पर खोलता हूँ!

पर प्रभंजन मत्त है इस भाँति रस-आमोद में,
उड़ न सकता, लौट गिरता है कुसुम की गोद में।

टूटता तोड़े नहीं यह किसलयों का दाम,
फूलों की लड़ी जो बँध गयी, खुलती नहीं है।
कामनाओं के झकोरे रोकते हैं राह मेरी,
खींच लेती है तृषा पीछे पकड़कर बाँह मेरी।

सिन्धु-सा उद्दाम, अपरम्पार मेरा बल कहाँ है?
गूँजता जिस शक्ति का सर्वत्र जय-जयकार,
उस अटल संकल्प का सम्बल कहाँ है?

यह शिला-सा वक्ष, ये चट्टान-सी मेरी भुजाएँ,
सूर्य के आलोक से दीपित, समुन्नत भाल,
मेरे प्राण का सागर अगम, उत्ताल, उच्छल है।
सामने टिकते नहीं वनराज, पर्वत डोलते हैं,
काँपता है कुंडली मारे समय का व्याल,
मेरी बाँह में मारुत, गरुड़, गजराज का बल है।

मर्त्य मानव की विजय का तूर्य हूँ मैं,
उर्वशी! अपने समय का सूर्य हूँ मैं।
अन्ध तम के भाल पर पावक जलाता हूँ,
बादलों के सीस पर स्यन्दन चलाता हूँ।

पर न जानें, बात क्या है!
इन्द्र का आयुध पुरुष जो झेल सकता है,
सिंह से बाँहें मिलाकर खेल सकता है,
फूल के आगे वही असहाय हो जाता,
शक्ति के रहते हुए निरुपाय हो जाता।
विद्ध हो जाता सहज बंकिम नयन के बाण से,
जीत लेती रूपसी नारी उसे मुसकान से।

मैं तुम्हारे बाण का बींधा हुआ खग,
वक्ष पर धर सीस मरना चाहता हूँ।
मैं तुम्हारे हाथ का लीला-कमल हूँ,
प्राण के सर में उतरना चाहता हूँ।

कौन कहता है,
तुम्हें मैं छोड़कर आकाश में विचरण करूँगा?
बाहुओं के इस वलय में गात्र की वंदी नहीं है,
वक्ष के इस तल्प पर सोती न केवल देह,
मेरे व्यग्र, व्याकुल प्राण भी विश्राम पाते हैं।

मर्त्य नर को देवता कहना मृषा है,

देवता शीतल, मनुज अंगार है।
देवताओं की नदी में ताप की लहरें न उठतीं,
किन्तु नर के रक्त में ज्वालामुखी हुंकारता है,
घूर्णियाँ चिनगारियों की नाचती है,
नाचते उड़कर दहन के खण्ड पत्तों-से हवा में,
मानवों का मन गले-पिघले अनल की धार है।

चाहिए देवत्व,
पर इस आग को धर दूँ कहाँ पर?
कामनाओं को विसर्जित व्योम में कर दूँक कहाँ पर?

वह्नि का बेचैन यह रसकोष, बोलो, कौन लेगा?
आग के बदले मुझे सन्तोष, बोलो, कौन देगा?
फिर दिशाएँ मौन, फिर उत्तर नहीं है।

प्राण की चिर-संगिनी यह वह्नि,
इसको साथ लेकर
भूमि से आकाश तक चलते रहो।
मर्त्य नर का भाग्य!
जब तक प्रेम की धारा न मिलती,
आप अपनी आग में जलते रहो।

एक ही आशा, मरुस्थल की तपन में
ओ सजल कादम्बिनी! सिर पर तुम्हारी छाँह है।
एक ही सुख है, उरस्थल से लगा हूँ,
ग्रीव के नीचे तुम्हारी बाँह है।

इन प्रफुल्लित प्राण-पुष्पों में मुझे शाश्वत शरण दो,
गन्ध के इस लोक से बाहर न जाना चाहता हूँ।
मैं तुम्हारे रक्त के कण में समाकर
प्रार्थना के गीत गाना चाहता हूँ।

(उर्वशी)

उर्वशी की उक्ति

पर क्या बोलूँ? क्या कहूँ?
भ्रन्ति, यह देह-भाव।

मैं मनोदेश की वायु व्यग्र, व्याकुल, चंचल;
अवचेत प्राण की प्रभा, चेतना के जल में
मैं रूप-रंग-रस-गन्ध-पूर्ण साका कमल।

मैं नहीं सिन्धु की सुता;
तलातल-अतल-वितल-पाताल छोड़
नीले समुद्र को फोड़ शुभ्र, झलमल फेनांशुक में प्रदीप्त
नाचती ऊर्मियों के सिर पर
मैं नहीं महातल से निकली।

मैं नहीं गगन की लता
तारकों में पुलकित फूलती हुई;
मैं नहीं व्योमपुर की बाला,
विधु की तनया, चन्द्रिका-संग,
पूर्णिमा-सिन्धु की परमोज्ज्वल आभा-तरंग,
मैं नहीं किरण के तारों पर झूलती हुई भू पर उतरी।

मैं नाम-गोत्र से रहित पुष्प,
अम्बर में उड़ती हुई मुक्त आनन्द-शिखा
इतिवृत्तहीन,

सौन्दर्य-चेतना की तरंग;
सुर-नर-किन्नर-गन्धर्व नहीं,
प्रिय! मैं केवल अप्सरा,
विश्वनर के अतृप्त इच्छा-सागर से समुद्भूत।

कामना-तरंगों से अधीर
जब विश्वपुरुष का हृदय-सिन्धु
आलोड़ित, क्षुमित, मथित होकर,
अपनी समस्त वड़वाग्नि
कण्ठ में भरकर मुझे बुलाता है;
तब मैं अपूर्व यौवना
पुरुष के निभृत प्राणतल से उठकर
प्रसरित करती निर्वसन, शुभ्र, हेमाभ कान्ति
कल्पना-लोक से उतर भूमि पर आती हूँ,
विजयिनी विश्वनर को अपने उत्तुङ्ग वक्ष
पर सुला अमित कल्पों के अश्रु सुखाती हूँ।

जन-जन के मन की मधुर वह्नि, प्रत्येक हृदय की उजियाली,
नारी की मैं कल्पना चरम नर के मन में बसने वाली।

विषधर के फण पर अमृतवर्त्ति;
उद्धत, अदम्य, बर्बर बल पर
रूपांकुश, क्षीण मृणाल-तार।
मेरे सम्मुख नत हो रहते गजराज मत्त;
केसरी, शरभ, शार्दूल भूल निज हिंस्र भाव
गृह-मृग-समान निर्विष, अहिंस्र बनकर जीते।
मेरी भ्रू-स्मिति को देख चकित, विस्मित, विभोर
शूरमा निमिष खोले अवाक् रह जाते हैं;
श्लथ हो जाता स्वयमेव शिंजिनी का कसाव,
संत्रस्त करों से धनुष-बाण गिर जाते हैं।

कामना-वह्नि की शिखा मुक्त मैं अनवरुद्ध,
मैं अप्रितहत, मैं दुर्निवार;
मैं सदा घूमती फिरती हूँ
पवनान्दोलित वारिद-तरंग पर समासीन
नीहार-आवरण में अम्बर के आर-पार;
उड़ते मेघों को दौड़ बाहुओं में भरती,
स्वप्नों की प्रतिमाओं का आलिंगन करती।

विस्तीर्ण सिन्धु के बीच शून्य, एकान्त द्वीप,
यह मेरा उर।
देवालय में देवता नहीं, केवल मैं हूँ।
मेरी प्रतिमा को घेर उठ रही अगुरु-गन्ध,
बज रहा अर्चना में मेरी मेरा नूपुर।

मैं कला-चेतना का मधुमय, प्रच्छन्न स्रोत,
रेखाओं में अंकित कर अंगों के उभार,
भंगिमा, तरंगित वर्तुलता, वीचियाँ, लहर,
तन की प्रकान्ति रंगों में लिये उतरती हूँ।

पाषाणों के अनगढ़ अंगों को काट-छाँट
मैं ही निविडस्तननता, मुष्टिमध्यमा,
मदिरलोचना, कामलुलिता नारी
प्रस्तरावरण कर भङ्ग,
तोड़ तम को उन्मत्त उभरती हूँ।

भू-नभ का सब संगीत नाद मेरे निस्सीम प्रणय का है,
सारी कविता जयगान एक मेरी त्रयलोक-विजय का है।
प्रिय मुझे प्रखर कामना-कलित, सन्तप्त, व्यग्र, चंचल चुम्बन,
प्रिय मुझे रसोदधि में निमग्न उच्छल, हिल्लोल-निरत जीवन।

तारों की झिलमिल छाया में फूलों की नाव बहाती हूँ,
मैं नैश प्रभा, सबके भतीर निश की कल्पना जगाती हूँ

मादन सुगन्ध पवमान-दलित संध्या-तन से उठने वाली,
नभ से आलिंगित कुमुदवती चन्द्रिका-यामिनी मतवाली,

कबरी के फूलों का सुवास, आकुंचित अधरों का कम्पन,
परिरम्भ-वेदना से विभोर, कंटकित अंग, मधुमत्त नयन;

दो प्राणों से उठने वाली वे झंकृतियाँ गोपन, मधुमय,
जा अगुरु-धूम-सी हो जाती ऊपर उठ एक अपर में लय।

दो हृदयों का वह मूक मिलन, तन शिथिल, स्रस्त अतिशय सुख से,
अलसित आँखें देखतीं, न कोई शब्द निकलता है मुख से।

कितनी पावन वह रस-समाधि! जब सेज स्वर्ग बन जाती है,
गोचर शरीर में विभा अगोचर सुख की झलक दिखाती है।

देवता एक है शयित कहीं इस मन्दिर शान्ति की छाया में,
आरोहण के सोपान लगे हैं त्वचा, रुधिर में, काया में।
परिरम्भ-पाश में बँधे हुए उस अम्बर तक उठ जाओ रे!
देवता प्रेम का सोया है, चुम्बन से उसे जगाओ रे!

चिन्तन की लहरों के समान सौन्दर्य-लहर में भी है बल,
सातों अम्बर तक उड़ता है रूपसी नारि का स्वर्णांचल।
जिस मधुर भूमिका में जन का दर्शन-तरंग पहुँचाती है,
उस दिव्य लोक तक हमें प्रेम की नाव सहज ले जाती है।

ओ शून्य पवन में मुझे देख चुम्बन अर्पित करने वालो!
सम्पूर्ण निशा मेरी छवि का उन्निद्र ध्यान धरने वालो!

मैं देश-काल से परे चिरन्तन नारी हूँ।
मैं आत्मतन्त्र यौवन की नित्य नवीन प्रभा,
रूपसी अमर मैं चिर-युवती सुकुमारी हूँ।
तुम त्रिभुवन में अथवा त्रिकाल में जहाँ कहीं भी हो,
अन्तर में धैर्य धरो।
सरिता, समुद्र, गिरि, वन मेरे व्यवधान नहीं।
मैं भूत, भविष्यत्, वर्तमान की कृत्रिम बाधा से विमुक्त;
मैं विश्वप्रिया।

तुम पंथ जोहते रहो,
अचानक किसी रात मैं आऊँगी।
अधरों में अपने अधरों की मदिरा उँड़ेल,
मैं तुम्हें वक्ष से लगा
युगों की संचित तपन मिटाऊँगी।

(उर्वशी)

परशुराम का उपदेश

(1)

सिखलाएगा वह, ऋत एक ही अनल है,
ज़िन्दगी नहीं वह, जहाँ नहीं हलचल है।
जिनमें दाहकता नहीं, न तो गर्जन है,
सुख की तरंग का जहाँ अन्ध वर्जन है,
जो सत्य राख में सने, रुक्ष, रूठे हैं,
छोड़ो उनको, वे सही नहीं, झूठे हैं।

(2)

वैराग्य छोड़ बाँहों की विभा सँभालो,
चट्टनों की छाती से दूध निकालो।
है रुकी जहाँ भी धार, शिलाएँ तोड़ो,
पीयूष चन्द्रमाओं को पकड़ निचोड़ो।
चढ़ तुंग शैल-शिखरों पर सोम पियो रे!
योगियों नहीं, विजयी के सदृश जियो रे!

(3)

जब कुपित काल धीरता त्याग जलता है,
चिनगी बन फूलों का पराग जलता है,
सौन्दर्य-बोध बन नयी आग जलता है,
ऊँचा उठकर कामार्त्त राग जलता है।
अम्बर पर अपनी विभा प्रबुद्ध करो रे!
गरजे कृशानु, तब कंचन शुद्ध करो रे!

(4)

भामा ह्लादिनी-तरंग, तडिन्माला है,
वह नहीं काम की लता, वीर बाला है,
आधी हालाहल-धार, अर्ध हाला है।
जब भी उठती हुंकार युद्ध-जवाला है,
चण्डिका कान्त का मुंड-माल देती है;
रथ के चक्के में भुजा डाल देती है।

(5)

खोजता पुरुष सौन्दर्य, त्रिया प्रतिभा को,
नारी चरित्र-बल को, नर मात्र त्वचा को।
श्री नहीं पाणि जिसके सिर पर धरती है,
भामिनी हृदय से उसे नहीं वरती है।
पाओ रमणी का हृदय विजय अपना कर,
या बसो वहाँ बन कसक वीर-गति पाकर।

(6)

जिसकी बाँहें बलमयी, ललाट अरुण है,
भामिनी वही तरुणी, नर वही तरुण है।
है वही प्रेम जिसकी तरंग उच्छल है,
वारुणी-धार में मिश्रित जहाँ गरल है।
उद्दाम प्रीति बलिदान-बीज बोती है;
तलवार प्रेम से और तेज होती है।

(7)

पी जिसे उमड़ता अनल, भुजा भरती है,
वह शक्ति सूर्य की किरणों में झरती है।
मरु के प्रदाह में छिपा हुआ जो रस है,
तूफान-अन्धड़ों में जो अमृत-कलस है,
उस तपन-तत्त्व से हृदय-प्राण सींचो रे!
खींचो, भीतर आँधियाँ और खींचो रे!

(8)

छोड़ो मत अपनी आन, सीस कट जाये,
मत झुको अनय पर, भले व्योम फट जाये।
दो बार नहीं यमराज कंठ धरता है,
मरता है जो, एक ही बार मरता है।
तुम स्वयं मरण के मुख पर चरण धरो रे!
जीना हो तो मरने से नहीं डरो रे!

(9)

स्वातन्त्र्य जाति की लगन, व्यक्ति की धुन है,
बाहरी वस्तु यह नहीं? भीतरी गुण है।
नत हुए बिना जो अशनि-घात सहती है,
स्वाधीन जगत् में वही जाति रहती है।
वीरत्व छोड़ पर का मत चरण गहो रे!
जो पड़े आन, खुद ही सब आग सहो रे!

(10)

दासत्व जहाँ है, वहीं स्तब्ध जीवन है,
स्वातन्त्र्य निरन्तर समर, सनातन रण है।
स्वातन्त्र्य समस्या नहीं आज या कल की,
जागृति तीव्र वह घड़ी-घड़ी, पल-पल की।
पहरे पर चारों ओर सतर्क लगो रे!
धर धनुष-बाण उद्यत दिन-रात जगो रे!

(11)

आँधियाँ नहीं जिसमें उमंग भरती हैं,
छातियाँ जहाँ संगीनों से डरती हैं,
शोणित के बदले जहाँ अश्रु बहता है,
वह देश कभी स्वाधीन नहीं रहता है।
पकड़ो अयाल, अन्धड़ पर उछल चढो रे!
किरिचों पर अपने तन का चाम मढ़ो रे!

(12)

जब कभी अहं पर नियति चोट देती है,
कुछ चीज अहं से बड़ी जन्म लेती है।
नर पर जब भी भीषण विपत्ति आती है,
वह उसे और दुर्धर्ष बना जाती है।
चोटें खाकर बिफरो, कुछ अधिक तनो रे!
धधको, स्फुलिंग-से, बढ़ अंगार बनो रे!

(13)

धन-धाम, ज्ञान-विज्ञान मात्र सम्बल है,
बस, एकमात्र बलिदान जाति का बल है।
सिर देने में जो लोग नहीं डरते हैं,
वे ही प्रभंजनों पर शासन करते हैं!
जब पड़े विपद्, अपनी उमंग जाँचों रे!
विकराल काल के फण पर चढ़ नाचो रे!

(14)

हैं खड़े हिंस्र वृक-व्याघ्र, खड़ा पशुबल है;
ऊँची मनुष्यता का पथ नहीं सरल है।
ये हिंस्र साधु पर भी तरस खाते हैं,
कंठी-माला के सहित चबा जाते हैं।
जो वीर काटकर इन्हें पार जायेगा,
उत्तुंग शृंग पर यही पहुँच पायेगा।

(15)

उपशम को ही जाति धर्म कहती है,
शम, दम, विराग को श्रेष्ठ कर्म कहती है,
धृति को प्रहार, क्षान्ति को वर्म कहती है,
अक्रोध, विनय को विजय-मर्म कहती है,
अपमान कौन, वह जिसको नहीं सहेगी?
सबको असीस, सबका बन दास रहेगी।

(16)

यह कठिन शाप सुकुमार धर्म-साधन का,
रण-विमुख, शान्त जीवन के आराधन का;
जातियाँ पावकों से बचकर चलती हैं।
निर्वीय कल्पनाएँ रचकर चलती हैं।
वृन्तों पर जलते सूर्य छोड़ देती हैं,
चुन-चुनकर केवल चाँद तोड़ लेती हैं।

(17)

दो उन्हें राम, तो मात्र नाम वे लेंगी,
विक्रमी शरासन से न काम वे लेगी;
नवनीत बना देतीं भट अवतारी को,
मोहन मुरलीधर पांचजन्य-धारी को।
पावक को बुझा तुषार बना देती हैं,
गाँधी को शीतल क्षार बना देती हैं।

(18)

भव को न अग्नि करने को क्षार बनी थी,
रखने को बस, उज्ज्वल आचार बनी थी।
शिव नहीं, शक्ति सर्जन-आधार बनी थी;
जब बनी सृष्टि, पहले तलवार बनी थी।
वह कालकंठ स्रज नहीं, न कुंकुम-रज है।
सत्य ही कहा गुरु ने, अकाल असि-ध्वंज है।

(19)

स्वर में पावक यदि नहीं, वृथा वन्दन है,
वीरता नहीं, तो सभी विनय क्रन्दन है।
सिर पर जिनके असिघात, रक्त-चन्दन है,
भ्रामरी उसी का करती अभिनन्दन है।
दानवी रक्त से सभी पाप धुलते हैं,
ऊँची मनुष्यता के पथ भी खुलते हैं।

(20)

हैं दुखी मेष, क्यों लहू शेर चखते हैं,
नाहक इतने क्यों दाँत तेज़ रखते हैं।
पर शेर द्रवित हो दशन तोड़ क्यों लेंगे?
मेषों के हित व्याघ्रता छोड़ क्यों देंगे?
एक ही पन्थ, तुम भी आघात हनो रे!
मेषत्व छोड़ मेषो! तुम व्याघ्र बनो रे!

(21)

जो अड़े, शेर उस नर से डर जाता है,
है विदित, व्याघ्र को व्याघ्र नहीं खाता है।
सच पूछो तो अब भी सच यही वचन है,
सभ्यता क्षीण, बलवान हिंस्र कानन है।
एक ही पन्थ अब भी जग में जीने का,
अभ्यास करो छागियो! रक्त पीने का।

(22)

जब शान्तिवादियों ने कपोत छोड़े थे,
किसने आशा से नहीं हाथ जोड़े थे?
पर हाय, धर्म यह भी धोखा है, छल है;
उजले कबूतरों में भी छिपा अनल है।
पंजों में पन्थ अब भी जग में जीने का,
अभ्यास करो छागियो! रक्त पीने का।

(23)

हैं जिन्हें दाँत, उनसे अदन्त कहते हैं,
यानी शूरों को देख सन्त कहते हैं,
"तुम तुड़ा दाँत क्यों नहीं पुण्य पाते हो?
यानी तुम भी क्यों भेड़ न बन जाते हो?"
पर कौन शेर भेड़ों की बात सुनेगा,
ज़िन्दगी छोड़ मरने की राह चुनेगा?

(24)

सुर नहीं शान्ति आँसू बिखेर लायेंगे;
मृग नहीं, युद्ध का शमन शेर लायेंगे।
विनयी न विनय को लगा टेर लायेंगे,
लायेंगे तो वह दिन दिलेर लायेंगे।
बोलती बन्द होगी पशु की जब भय से,
उतरेगी भू पर शान्ति छूट संशय से।

(25)

वे देश शान्ति के सबसे शत्रु प्रबल हैं,
जो बहुत बड़े होने पर भी दुर्बल हैं,
हैं जिनके उदर विशाल, बाँह छोटी हैं,
भोथरे दाँत, पर जीभ बहुत मोटी है।
औरों के पाले जो अलज्ज पलते हैं,
अथवा शेरों पर लदे चलते हैं।

(26)

सिंहों पर अपना अतुल भार मत डालो,
हाथियो! स्वयं अपना तुम बोझ सँभालो।
यदि लदे फिरे, यों ही, तो पछताओगे,
शव मात्र आप अपना तुम रह जाओगे।
यह नहीं मात्र अपकीर्ति, अनय की अति है।
जानें, कैसे सहती यह दृश्य प्रकृति है!

(27)

उद्‌देश्य जन्म का नहीं कीर्ति या धन है,
सुख नहीं, धर्म भी नहीं, न तो दर्शन है;
विज्ञान, ज्ञान-बल नहीं, न तो चिन्तन है,
जीवन का अन्तिम ध्येय स्वयं जीवन है।
सबसे स्वतन्त्र यह रस तो अनघ पियेगा,
पूरा जीवन केवल वह वीर जियेगा।

(परशुराम की प्रतीक्षा)

आपद्धर्म

अरे उर्वशीकार!
कविता की गरदन पर धरकर पाँव खड़ा हो।
हमें चाहिए गर्म गीत उन्माद प्रलय का,
अपनी ऊँचाई से तू कुछ और बड़ा हो।

कच्चा पानी ठीक नहीं,
ज्वर-ग्रसित देश है।
उबला हुआ समुष्ण सलिल है पथ्य,
वही परिशोधित जल दे।
जाड़े की है रात, गीत की गरमाहट दे,
तप्त अनल दे।

रोज़ पत्र आते हैं, जलते गान लिखूँ मैं,
जितना हूँ, उससे कुछ अधिक जवान दिखूँ मैं।

और, सत्य ही, मैं भी युग के ज्वरावेग से चूर,
दूर उर्वशी-लोक से,
गयी जवानी की बुझती भट्ठी फिर सुलगाता हूँ।
जितनी ही फैलती देश में भीति युद्ध की,
मैं उतना ही कंठ फाड़, कुछ और जोर से,
चिल्लाता, चीखता, युद्ध के अन्ध गीत गाता हूँ

किन्तु हृदय से जब भी कोई आग उमड़कर
चट्टानों की वज्र-मधुर रागिनी
कंठ-स्वर में भरने आती है,

ताप और आलोक, जहाँ दोनों बसते आये थे,
वहाँ दहकते अंगारे केवल धरने आती है;
तभी प्राण के किसी निभृत कोने से
कहता है कोई, माना विस्फोट नहीं यह व्यर्थ है,
किन्तु बुलाने को जिसको तू गरज रहा है,
उसे पास लाने में केवल गर्जन नहीं समर्थ है।

रोष, घोष, स्वर नहीं, मौन शूरता मनुज का धन है।
और शूरता नहीं मात्र अंगार,
शूरता नहीं मात्र रण में प्रकोप से धुँधुआती तलवार;
शूरता स्वस्थ जाति का चिर-अनिद्र, जाग्रत स्वभाव,
शरत्व मृत्यु के वरने का निर्भीक भाव;
शूरत्व त्याग; शूरता बुद्धि की प्रखर आग;
शूरत्व मनुज का द्विधा-मुक्त चिन्तन है।

विजय-केतु गाड़ते वीर जिस गगनजयी चोटी पर,
पहले वह मन की उमंग के बीच चढ़ी जाती है,
विद्युत बन छूटती समर में जो कृपाण लोहे की,
भट्ठी में पीछे, विचार में प्रथम गढ़ी जाती है।

आँख खोलकर देख, बड़ी-से-बड़ी सिद्धि का
कारण केवल एक अंश तलवार है;
तीन अंश उसका निमित्त संकल्प-शुद्धि है,
आशा है, साहस है, शुद्ध विचार है।

सोच, कहाँ है उस दुरन्त,
पापिनी बुद्धि का मूल, तुझे जो
बार-बार आकर अपनी छलना से छल जाती है?
बार-बार तू उदय-शृंग पर चढ़ क्यों गिर जाता है?
बार-बार कर में आकर क्यों सिद्धि निकल जाती है?

ओ विराग को सकल सुकृत का मर्म समझने वाले!
आत्मघात को उच्च धर्म के हित अर्पित बलिदान,

शत्रु के रक्त-पान को
मानवता का पतन, कलुष का कर्म समझने वाले!

ओ निरग्नि! ओ शान्त! प्रश्न तेरा गम्भीर, गहन है।
रोष, घोष, हुंकार, गर्जनों से उद्धार न होगा।
भुजा नहीं बलहीन
रक्त की आभा नहीं मलीन,
अरे, ओ नर पवित्र! प्राचीन!
दीन, लेकिन तेरा चिन्तन है।

विजय चाहता है, सचमुच,
तू अगर विषैले नाग पर,
तो कहता हूँ, सुन,
दिल में जो आग लगी है,
उसे बुद्धि में घोल,
उठाकर ले जा उसे दिमाग पर।

तुझसे जो माँगते उबलते गीत अनल के,
पूछ कि वे कूटस्थ आग लेकर क्या भला करेंगे?
क्या प्रमाण है, यह सूखी बारूद नहीं सीलेगी?
घर में बिखरी हुई बर्फ वे कहाँ समेट धरेंगे?

अच्छा है, वे लड़े नहीं, जिनके जीवन में
विचिकित्सा जीवित है धर्म-अधर्म की।
अच्छा है, वे अड़ें आन पर नहीं,
न खेलें कभी जान पर,
चबा रही है जिन्हें युगों से
दुविधा कर्म-अकर्म की।

क्योंकि युद्ध में जीत कभी भी उसे नहीं मिलती है,
प्रज्ञा जिसकी विकल,
द्विधा-कुंठित कृपाण की धार है,

परम धर्म पर टिकने की सामर्थ्य नहीं है
और न आपद्धर्म जिसे स्वीकार है।

तुझसे जो माँगते उबलते गीत अनल के,
पूछ, धर्म की वे किंचित् सीमा स्वीकार करेंगे?
मानवीय मूल्यों की जब कुछ आहुतियाँ पड़ती हों,
रोयेंगे तो नहीं? पाप से तो वे नहीं डरेंगे?

अगर कहे तू, युद्ध पुष्प, बमबाजी फुलझड़ियाँ हैं,
ये रोने की नहीं, मस्त, खुश होने की घड़ियाँ है;
दाँतों से तर्जनी दबा वे चुप तो नहीं रहेंगे?
तुझको वे दानव या दीवाना तो नहीं कहेंगे?

तब भी श्येन-धर्म ही सच है, गलत युद्ध में पिक है,
पूर्ण चेतना गलत, आज पागलपन स्वाभाविक है।

जूझ वीरता से, प्रचण्डता से, बलिष्ठ तन, मन से;
आँख मूँदकर जूझ अन्ध निर्दयता, पागलपन से।

समर पाप साकार, समर क्रीड़ा है पागलपन की,
सभी द्विधाएँ व्यर्थ समर में साध्य और साधन की।

एक वस्तु है ग्राह्य युद्ध में,
और सभी कुछ देय है;
पुण्य हो कि हो पाप,
जीत केवल दोनों का ध्येय है।

सच है, छल की विजय, अन्त तक,
विजय नहीं, अभिशाप है।
किन्तु, भूल मत, और पाप जितने घातक हों,
समर हारने से बढ़कर घातक न दूसरा पाप है।

(परशुराम की प्रतीक्षा, 10-12, 1962)

पुरानी और नयी कविताएँ

"नो, हिज़ फर्स्ट वर्क वाज़ द बेस्ट।"

–एज़रा पाउण्ड

दोस्त मेरी पुरानी ही कविताएँ पसन्द करते हैं;
दोस्त और खासकर औरतें।

पुरानी कविताओं में रस है, उमंग है;
जीवन की राह वहाँ सीधी, बे-कटीली है;
सरिताएँ जितनी हैं, फूलों की छाँह में हैं;
सागर में नीलिमा है, चंचल तरंग है।

पुरुष बड़े ही पुरज़ोर है;
या तो बड़े कोमल हैं अथवा कठोर हैं।
क्रोध में कभी जो नर-नाहर ये बोलते हैं;
भूमि काँपती है, कोल-कमठ कलमल होते,
दिग्गज दहाड़ते, समस्त शैल डोलते हैं।

नारियाँ बड़ी ही अनमोल हैं;
नख-सिख तक नपी-तुली,
ठीक-ठीक साँचे में ढली हुई;
चन्दन, कदम्ब और कदली की छाया में
दूध और घी पर तली हुई।
भंगिमा स्वरूप को सँवारती है;
वृत्त की गोलाई, जो भी देखे, उसे मारती है।

तेजी है अनोखी काम-बाण में।
घाव जो लगेंगे कभी प्राण में,
रेखा में कहूँ तो 'राय जामिनी' की तूलिका की
चित्रकारी के वे प्रतिमान होंगे
छन्द में कहूँ तो रोला-छप्पय के समान होंगे।

चर्म को न छीलता, न छाँटता है।
काम का पुराना बाण
गोदता नहीं है प्राण,
दोहों के समान नपे-तुले व्रण काटता है।

किन्तु नयी कविता? गणेश जी का नाम लो।
बुद्धि और कल्पना के चौक पै खड़ी हुई
कहती है, बुद्धि ही कशा है, इसे तेज़ रखो,
कल्पना बढ़े जो तो लगाम जरा थाम लो।

कविता न गर्जन, न सूक्ति है।
वीर का न घोष, न तो वाणी खर चिन्तकों की,
चौंके हुए आदमी की उक्ति है।

कविता न पूर्ति है, न माँग है।
सीढ़ियाँ नहीं है कि हरेक पाँव सीधा पड़े,
'लाजिक' नहीं है, य' छलाँग है।

अर्थ नहीं, काव्य शब्द-योग है।
वासना का कीर्तन नहीं है, खुद वासना है,
रागों का य' कागजी बखान नहीं, भोग है।

तन्तुओं के जाल शब्द को जो कहीं बाँधते हों,
सारे बन्धनों के तार तोड़ दो;

अर्थ से बचो कि अर्थ बेड़ी है परम्परा की,
अर्थ को दबाने से ही शब्द बड़ा होता है।
निश्चित-अनिश्चित का संगम जहाँ है सूक्ष्म,
कविता का सद्म निरालंब खड़ा होता है।

और वे तरंगमयी नारियाँ?
पुष्ट देहवाली सुकुमारियाँ?
सोची गयीं इतनी कि सोच में समा गयीं।
स्थूल से निकल सूक्ष्म कल्पना में छा गयीं।
नारी अब स्वप्न है, विचार है।
बाहु-पाश में जो कभी दामिनी-सी नाचती थी,
'साइक' में करती विहार है।

नारी शक्ति, नारी धूप-छाँव है।
जानना हो विश्व को, तो नारियों के प्राण पढ़ो,
भागना हो विश्व से तो नारी तेज़ नाव है।

और नर भी न नर ठेठ है।
शंकित, सजग, स्याद्वादी, अनेकान्तवादी,
कोई 'फास्ट', कोई 'हैमलेट' है।

आखिर मनुष्य और क्या करे?
जितना ही ज्यादा हम जानते हैं,
लगता है, आप अपने को उतना ही कम,
उतना ही कम पहचानते हैं।

जितनी ही झाँकी बुद्धि लाती दूर, पार की,
उतने ही जोर से गुफाएँ बन्द गूँजती हैं,
चीखती है कुंजी अनजाने, बन्द द्वार की।

केवल कवित्व ही समर्थ है।
सीढ़ियाँ नहीं हैं जहाँ, सारा तर्क व्यर्थ है।

तब भी समस्या बड़ी गूढ़ है।
हम दोनों में से, राम जानें, कौन मूढ़ है।
भूले भी न मेरी विपदाएँ थाहते हैं दोस्त,
केवल पुरानी कविताएँ चाहते हैं दोस्त,
दोस्त और, खासकर, औरतें।

(कोयला और कवित्व)

ओ नदी!

ओ नदी!
सूखे किनारों के कटीले बाहुओं से डर गयी तू।
किन्तु दाई कौन?
तू होती अगर,
यह रेत, ये पत्थर, सभी रसपूर्ण होते;
कौंधती रशना कमर में मछलियों की,
नागफनियों के न उगते झाड़,
तट पर दूब होती, फूल होते,
देखतीं, निज रूप जल में नारियाँ,
पाँव मल-मल घाट पर लक्तक बहाकर
तैरतीं तुझमें उतर सुकुमारियाँ।

किलकते फिरते तटों पर फूल-से बच्चे,
वहन करती अछूते अंकुरों के स्वप्न का संभार
कागज की जरा-सी डोंगियाँ तिरतीं लहर पर।
और हिल-डुलकर वहीं फिर डूब जातीं।

तीर पर उठतीं किलक किलकारियाँ,
नाचते बच्चे बजाकर तालियाँ,
द्वीप पर नौसार्थ मानो आ गया हो,
स्वप्न था भेजा जिसे मानो उसे वह पा गया हो।

द्रोणियों पर दीप बहते रात के पहले पहर में,
हेम की आभामयी लड़ियाँ हृदय पर जगमगातीं,

जगमगाते गीत हैं जैसे समय की धार पर।
किन्तु अब सब झूठ; तारे तो गगन में हैं,
मगर पानी कहाँ जिसमें जरा वे झिममिलाएँ?
तू गयी, जादू जहर का चल गया,
कूल का सौन्दर्य सारा जल गया।

और जीवित ही खड़ी तू मुस्कुराती है अभी भी?
फूल जब मुरझा रहे थे, क्यों तुझे मूर्च्छा न आयी?
क्यों नहीं, हरियालियाँ मरने लगीं, तब मर गयी तू?

ओ नदी!
सूखे किनारों के कटीले बाहुओं से डर गयी तू।

(कोयला और कवित्व)

बादलों की फटन

बादलों के बीच छोटी-सी फटन है,
ज्यों, गुलाबी रंग का परदा कहीं से फट गया हो।
इस फटन के बीच से होकर अग मैं कूद जाऊँ,
कौन गिरने से उधर मुझको सँभालेगा?

मूढ़! ये पत्थर नहीं, हैं फूल पानी के, धुओं के,
उस तरफ का फर्श भी हलका, मुलायम है;
कूदना हो तो अभी भी कूद जा ऊपर घटा में,
अन्यथा, क्षण में, फटन यह बन्द होती है।

(कोयला और कवित्व)

आज शाम को

आज शाम को फिर तुम आये उतर कहीं से मन में
बहुत देर कर आने वाले मनमौजी पाहुन-से।
लगा, प्राप्त कर तुम्हें गया भर सूनापन कमरे का,
गमक उठा एकान्त सुवासित कबरी के फूलों से।

लेकिन सबको कौन खबर दे आया शुभागमन की?
फुनगी उठा लता वातायन पर से झाँक रही है,
बारम्बार पवन आता है परदे हटा-हटाकर।
और सितारे अन्तरिक्ष की चौखट लाँघ रहे हैं,
मानो नभ से उतर यहाँ वे भी आने वाले हों।

(कोयला और कवित्व)

धन्यवाद! मैं सचमुच नहीं मरूँगा

प्रथम-प्रथम तुमसे जब आँखें चार हुईं
दहल उठा था मैं अपनी दीनता देखकर।
तुम सुवर्ण साकार,
        ताम्र का मैं सिक्का खोटा-सा;
मैं करील श्रीहीन,
        दीपती-सी तुम लता विभा की,
तुम गिरि की निर्झरी,
        गाँव का मैं सोता छोटा-सा।

कुसुम-कलेवर में प्रकाश का मन देखा,
कहूँ, चमेली को करते चिन्तन देखा,
और सोचने लगा, आरती अबकी कहाँ सजाऊँ मैं?
मन की किस ऊँची तरंग पर इस छवि को ले जाऊँ मैं?

तुलसी-कानन दूर, निकट पाटल का वन है।
निकट भूमि की गन्ध, दूर निर्मेघ गगन है।
हाय, सूक्ष्म होने पर भी कितना दुर्बल चिन्तन है!
        द्विधामूढ़ मेरा मन मुझको मार गया।
        स्वयं आप अपने से ही मैं हार गया।

जो भी करो उपाय, नहीं रुकता है ज्वार रुधिर का।
फूलों की माधुरी बुद्धि को व्याकुल कर देती है।
रोको चाहे लाख, किन्तु वारुणी हृदय की

अपनी लाल तरंग उठा आँखों में भर देती है।
सब सेमटकर, तब भी मैं चुपचाप रहा,
भीतर ही सहता भीतर का ताप रहा।
जैसे अगणित लोग जगत् में मौन रहा करते हैं,
छिपे-छिपे प्राणों की सारी आग सहा करते हैं।

तब सहसा तुम बोल उठीं (है याद?) एक दिन—
"नहीं, अशिव मरघट की मैं चिनगारी नहीं चुनूँगी,
जितने भी हैं गीत तुम्हारे, सब मुझको भाते हैं;
किन्तु मरण के गान, हाय! मैं कवि से नहीं सुनूँगी।"

स्वर मेरा काँपने लगा आनन्द से।
खिलने-सा कुछ लगा रुधिर में; और कंठ से
छन्द फूटने लगे, खुशी में भर, पागल बेछन्द से।

कितनी अच्छी बात! अभी जीवित है स्रोत सुधा का;
कमी नहीं अब भी करुणा की वायु की,
कवि! समाज अब भी तुझको अपना बेटा कहता है।
मातृजाति को अब भी है चिन्ता तेरी परमायु की।

अमृत-मन्त्र; आभास हुआ मानो मस्तक पर
अँचल की छाया देकर जीवनीदायिनी खड़ी हो।
लगा रही हो स्वयं जिन्दगी मानो मुझे हृदय से,
मानो मुझ पर अनायास हरियाली बरस पड़ी हो।

देवी! अमृत से तुमने मुझको सींच दिया।
अनायास ही तुमने मेरी बाँह पकड़कर
सचमुच ही, कुछ दूर मरण से खींच लिया।

मातृजाति का यही मूक वरदान; नयन से—
जाने, वे क्या अमृत पिला देती हैं।

दृष्टि मात्र से भर देतीं झंकार रुधिर में,
मरती हुई शिखा को देकर स्नेह जिला देती हैं।

धन्यवाद! मैं सचमुच नहीं मरूँगा,
जब तक मेरे लिए कहीं भी करुणा का लवलेश है।

जब तक मेरे लिए सुधा का बिन्दु कहीं भी शेष है,
मरण-कोट पर चढ़ जीवन की ध्वजा उड़ाकर
मैं मृत्युंजय कवि प्रकाश की जय का गान करूँगा।

(कोयला और कवित्व)

समाधान

दिनकर केवल प्रश्न उठाता है।
समाधान की बात न कोई पास,
मूढ़ समस्याओं का केवल दास।
न तो समझता शास्त्र, न तो कानून;
सिर पर चन्दन नहीं, न तो दाढ़ी चेहरे पर,
न तो गले में 'टाई', न तो नीचे कोई पतलून।
वृथा चौंकते हो,
इसको क्या आता-जाता है?
दिनकर केवल प्रश्न उठाता है।

उत्तर के गाहको! निराशा से घबराकर
मरो नहीं, चिन्तनशील यह देश
नाप में बहुत बड़ा है।
देखो जहाँ, वहीं–
दफ्तर, कॉलेज-कक्ष में,
सभा-मंच पर या विद्या के चबूतरे पर–
समाधान देने वाला निश्चिन्त खड़ा है।

क्या कहते हो,
प्रश्न गूढ़ हों तो चिन्ता में,
यह मनुष्य भी चार मिनट तक मौन रहेगा?
राम कहो,
ऐसा-वैसा यह नहीं,

बड़ा पक्का पण्डित है।
इसमें जाकर शमित हो गया
        सारा बुद्धि-विवाद है;
बड़े-बड़े ग्रन्थों में जो कुछ लिखा है,
        इस पण्डित को सभी जबानी याद है।
एक मिनट भी नहीं वीर यह मौन रहेगा।
जैसे ही पूछोगे, वह बेधड़क कहेगा–

"हिंसा? हिंसा कौन बड़ा भारी सवाल है?
विनय मित्र, मानवता का अभिमान काल है।
हममें जो क्रोध,
        वही सारे जग का अभिशाप है।
गाँधी जी कह गये
        कि मरना पुण्य, मारना पाप है।

"और काम का समाधान?
        अत्यन्त सरल है।
पूजा भर है अमृत,
        स्पर्श-भावना गरल है।
ब्याह करो, लेकिन रक्खो,
साबित तब भी ईमान को।
गाँधी जी कह गये,
        जन्म लेने दो मत सन्तान को।"

(कोयला और कवित्त)

मच्छर

मच्छर ख़फ़ीफ़ जानवर है।
मगर वह खूब जानता है
कि वह शिकारी है।

वह दूसरों का लहू पीता है।
एक जीव दूसरे के रक्त पर जीता है।
मगर इंसाफ की बात कहनी हो
तो यह कहना चाहिए
कि जितने से पेट भरे,
उतना ही खून वह चखता है।
और आदमियों के बदन से लहू चूसकर
वह बैंक में नहीं रखता है।

(आत्मा की आँखें)

आदमी

आदमी के बारे में
मैं केवल यह चाहता हूँ
कि उसके भीतर की चिनगारी
अभंग रहे।
अपनी आग को वह कभी भी बुझने नहीं दे।
और जो आपदाएँ पड़ें,
वीरता के साथ सहे।

चिनगारी चमकती रहे
सदा उज्ज्वल होकर,
आदमी बचाये उसे
सर्वस्व खोकर।

लेकिन हाय!
सभ्यता ने तृष्णा की अति से
इस आग को कुचल डाला है;
दीपक की लौ को तोड़ दिया है।
आदमी के भीतर अब आग कहाँ जलती है।
सभ्यता ने उसे
मिट्टी का जीवित पुतला बनाकर छोड़ दिया है।

क्योंकि चिनगारी जब बुझ जाती है,
शैतान का काम बन जाता है।
आदमी तब रुपयों का दास,
मज़दूरी का ग़ुलाम बन जाता है।

(आत्मा की आँखें)

राम, तुम्हारा नाम

राम, तुम्हारा नाम कंठ में रहे,
हृदय, जो कुछ भेजो, वह सहे,
दुख से त्राण नहीं माँगूँ।

माँगूँ केवल शक्ति दुख सहने की,
दुर्दिन को भी मान तुम्हारी दया
अकातर ध्यानमग्न रहने की।

देख तुम्हारे मृत्यु-दूत को डरूँ नहीं,
न्योछावर होने में दुविधा करूँ नहीं।
तुम चाहो, दूँ वही,
कृपण हो प्राण नहीं माँगूँ।

(हारे को हरिनाम)

कविता और विज्ञान

हम रोमांटिक थे;
हवा में महल बनाया करते थे।
चाँद के पास हमने एक नीड़ बसाया था,
मन बहलाने को हम उसमें आया-जाया करते थे।

लेकिन तुम हमसे ज्यादा होशियार होना,
कविता पढ़ने में समय मत खोना।
पढ़ना ही हो, तो बजट के आँकड़े पढ़ो।
वे ज्यादा सच्चे और ठोस होते हैं।

अगर तुम यह समझते हो
कि तुम केवल शरीर नहीं,
आत्मा भी हो,

तो यह अनुभूति तुम्हें,
तकलीफ में डालेगी।
जो सभ्यता अदृश्य को नहीं मानती,
वह आत्मा को कैसे पालेगी?

विज्ञान की छड़ी जहाँ तक पहुँची है,
बुद्धि सत्य को वहीं तक मानती है।
मशीनों को लाख समझाओ,
वे आत्मा को नहीं पहचानती हैं।

सांख्यिकी बढ़ती पर है,
दर्शन की शिखा मन्द हुई जाती है।
हवा में बीज बोने वाले हँसी के पात्र हैं,
कवि और रहस्यवादी होने की राह
बन्द हुई जाती है।

(हारे को हरिनाम)

रक्षा करो देवता

रक्षा करो! रक्षा करो!
देवता! हमारा क्या गुनाह है?
तीन ककारों में पड़ी दुनिया तबाह है।

संसार तुमने बहुत सोच-समझकर रचा है।
मगर एक-एक से पूछकर देख लो,
कामिनी, कंचन और कीर्ति से कौन बचा है!

मुनियों ने मेनका को गोद में बिठाया।
राजाओं ने कंगालों का कोष चुराया।

और कीर्ति?
यह चश्मा तो सर्वत्र उबलता है।
शहीद शहीद की जड़ खोदते हैं
और एक साधु दूसरे साधु से जलता है।
सच है कि कामिनी काल पाकर छूट जाती है।

लेकिन कंचन और कीर्ति?
रक्षा करो, रक्षा करो देवता!
जब तक जीवित हैं,
कुछ-न-कुछ खाना ही पड़ेगा।
जितने अच्छे हैं,
उससे ज्यादा बताना ही पड़ेगा।

(हारे को हरिनाम)

जूठा पत्ता

रामकृष्ण और रमण,
रोग की यातना दोनों ने सही थी।
मगर अपने अन्तिम दिनों में
महर्षि ने एक बात कहीं थी।

जीवन भोज है,
शरीर केले का पत्ता है।

इस पत्ते पर आदमी
भोजन तो बड़े प्रेम से करता है।
लेकिन खाना ख़त्म होते ही
वह उसे फेंक देता है।

जूठा पत्ता भी कभी कोई
सँभालकर धरता है?

(हारे को हरिनाम)

नीरवता

रात ने चुप्पी साध ली है।
          सपने शान्ति में समा गये हैं।
अन्तःकपाट आप-से-आप
          खुलने लगा है।
देवता शायद दरवाज़े पर आ गये हैं।

(हारे को हरिनाम)

उपदेशक

मुजरिम होकर
मुजरिमों को सुधारने का काम,
यह भी एक स्वाँग है,
और यह स्वाँग हम सभी लोग करते हैं।

जिन मजों से हम दूसरों को
रोकना चाहते हैं,
उनसे खुद परहेज़ नहीं करते हैं।

वैतरणी के छींटे किस पर नहीं पड़े हैं?
किसके दामन पर
फूलों के रस का दाग नहीं है?

सपने की देह को नंगी उँगली से
छूने का लोभ किसमें नहीं जगा है?
कौन इतना जर्जर है
कि उसमें जवानी की आग नहीं है?

तो उपदेशकों
आओ, हम ईमानदार बनें
और मानवता को डरायें नहीं,
बल्कि यह कहे—
कि जिस सरोवर का जल पीकर
तुम पछताते हो,

उस तालाब का पानी
हमने भी पिया है।
और जैसे तुम हँस-हँसकर रोते
और रो-रोकर हँसते हो,
इसी तरह हँसी और रुदन से
भरा जीवन हमने भी जिया है।

गनीमत है कि हर पापी का भविष्य है,
जैसे हर सन्त का अतीत होता है।
आदमी घबराकर व्यर्थ रोता है।

यह बात दूसरी है
कि कोई समृद्धि में है,
कोई अभाव में है।
मगर जहाँ तक मन का सवाल है,
हम सब एक ही नाव में हैं।

सदियों से हमने तुम्हें धोखा दिया है।
मगर अब हम तुम्हें और नहीं भरमायेंगे।
जहाँ तक मन का सवाल है,
हम सब एक ही नाव में हैं।

सदियों से हमने तुम्हें धोखा दिया है।
मगर अब हम तुम्हें और नहीं भरमायेंगे।
जहाँ तक पहुँचकर हम रुक गये हैं,
उससे आगे का रास्ता तुम्हें नहीं बतायेंगे।

(हारे को हरिनाम)

एकोऽहम्

मैं दानव से छोटा नहीं,
न वामन से बड़ा हूँ।
सभी मनुष्य एक ही मनुष्य हैं।
सबके साथ मैं आलिंगन में खड़ा हूँ।

वह, जो हारकर बैठ गया,
उसके भीतर मेरी ही हार है।
वह, जो जीतकर आ रहा है,
उसकी जय में मेरी ही जय-जयकार है।

मैं ही दाना डालने वाला बुड्ढा रईस हूँ;
मैं ही वह पक्षी हूँ, जो दाना चुगता है।
बैल की पीठ पर बेरहमी से बेंत मत मारो।
मेरी पीठ पर उसका निशान उगता है।

पत्ते का पीला होना
पूरे वृक्ष का रोग है।

यह मात्र संयोग है
कि एक पत्ता पीला है, बाकी हरे हैं।

एक व्यक्ति पातक इसलिए करता है
कि सबके भीतर पाप के घाव भरे हैं।

जहाँ भी पुण्य की वेदी है,
मैं अगुरु का धुआँ हूँ,
मण्डप से झूलता
फूलों का वन्दनवार हूँ।

और जो भी पाप करके लौटा है,
उसके पातक में मैं बराबर का हिस्सेदार हूँ।

एक उपकारी सबके गले का हाल है।
और जिसने मारा या जो मारा गया है
उनमें से हर एक हत्यारा है,
हर एक हत्या का शिकार है।

(हारे को हरिनाम)

भगवान के डाकिये

पक्षी और बादल,
ये भगवान के डाकिये हैं,
जो एक महादेश से
दूसरे महादेश को जाते हैं।

हम तो समझ नहीं पाते हैं,
मगर उनकी लायी चिट्ठियाँ
पेड़, पौधे, पानी और पहाड़
बाँचते हैं।

हम तो केवल यह आँकते हैं,
कि एक देश की धरती
दूसरे देश को सुगन्ध भेजती है।
और वह सौरभ हवा में तैरते हुए
पक्षियों की पाँखों पर तिरता है।

और एक देश का भाप
दूसरे देश में पानी
बनकर गिरता है।

(हारे को हरिनाम)

सूखा पेड़

सूखा पेड़ ग़म की लकीर है।
उसे देखकर वैराग्य का
भाव जगता है।

उदासी को देखकर
आँखें उदास हो जाती हैं
और मन कुछ सोचने लगता है।

मगर एक लता बौराई हुई है,
इस सूखे पेड़ को घेरकर
सिर से पाँव तक छाई हुई है।

वल्लरी पेड़ को ढँककर
अपना रूप दरसाती है,
पेड़ के जीवित होने का
भ्रम उपजाती है।

और यह भ्रम इतना प्रबल है
कि पक्षी उसकी माया में फँस गये हैं,
पेड़ को जीवित जानकर
उसके कोटरों में बस गये हैं।

सूखा पेड़ लता के वेष्टन में खड़ा है।
यानी प्रेमी प्रिया के आलिंगन में
निर्जीव पड़ा है।

(हारे को हरिनाम)

शोक की सन्तान

हृदय छोटा हो,
तो शोक वहाँ नहीं समायेगा।
और दर्द दस्तक दिये बिना
दरवाजे से लौट जायेगा।

टीस उसे उठती है,
जिसका भाग्य खुलता है।
वेदना गोद में उठाकर
सबको निहाल नहीं करती,
जिसका पुण्य प्रबल होता है,
वही अपने आँसुओं से धुलता है।

तुम तो नदी की धारा के साथ
दौड़ रहे हो।
उस सुख को कैसे समझोगे,
जो हमें नदी को देखकर मिलता है?

और वह फूल
तुम्हें कैसे दिखाई देगा,
जो हमारी झिलमिल
अँधियारी में खिलता है?

हम तुम्हारे लिए महल बनाते हैं।
तुम हमारी कुटिया को
देखकर जलते हो।

युगों से हमारा-तुम्हारा
यही सम्बन्ध रहा है।
हम रास्ते में फूल बिछाते हैं,
तुम उन्हें मसलते हुए चलते हो।

दुनिया में चाहे जो भी निजाम आये,
तुम पानी की बाढ़ में से
सुखों को छान लोगे।
चाहे हिटलर ही
आसन पर क्यों न बैठ जाये,
तुम उसे अपना आराध्य
मान लोगे।

मगर हम?
तुम जी रहे हो,
हम जीने की इच्छा को तोल रहे हैं।
आयु तेजी से भागी जाती है
और हम अँधेरे में
जीवन का अर्थ टटोल रहे हैं।

असल में हम कवि नहीं,
शोक की सन्तान हैं।
हम गीत नहीं बनाते,
पंक्तितयों में वेदना के
शिशुओं को जनते हैं।

झरनों का कलकल,
पत्तों कर मर्मर
और फूलों की गुपचुप आवाज़,
ये गरीब की आह से बनते हैं।

(हारे को हरिनाम)

हारे को हरिनाम

सब शोकों का एक नाम है क्षमा,
हृदय, आकुल मत होना।

(1)

दहक उठे जो अंगारे बन गये,
कुसुम-कोमल सपने थे।
अन्तर में जो गाँस मारकर गये,
अधिक सबसे अपने थे।
अब चल उसके द्वार, सहज जिसकी करुणा है।
और कहाँ, किसका आँसू कब थमा?
हृदय, आकुल मत होना।

(2)

आघातों से हो विषण्ण म्रियमाण
गान मत छोड़ अभय का।
और न कर अब अधिक मार्ग-सन्धान
सिद्धि का, दैहिक जय का।
सुख निद्रा की निशा, विपद जागरण प्रात का।
किरणों पर चढ़ पकड़ प्रकृति उत्तमा।
हृदय, आकुल मत होना।

(3)

उषः लोक का पुल्काकुल कल सेर
मधुर जिसका प्रसाद है।

दुर्दिन की झंझा में बज्र-कठोर
उसी का शंखनाद है
जिसका दिवस ललाट, उसी का निशा चिकुर है
रम उसमें, जो है दिगन्त में रमा
हृदय, आकुल मत होना।

❑❑